历代爱国将领诗词故事

侯若愚 编著

河南大学出版社
·郑州·

图书在版编目(CIP)数据

历代爱国将领诗词故事/侯若愚编著.—郑州：河南大学出版社,2015.2(2018.6重印)
ISBN 978-7-5649-1911-5

Ⅰ.①历… Ⅱ.①侯… Ⅲ.①古典诗歌－诗集－中国Ⅳ.①I222

中国版本图书馆 CIP 数据核字(2015)第 044922 号

出 版 人	张云鹏	
责任编辑	韩　琳　周晓磊	
责任校对	时　娇	
封面题画	王一汀	
封面设计	侯一言	

出　　版	河南大学出版社	
地　　址	郑州市郑东新区商务外环中华大厦 2409 室	
电　　话	0371—60993151(人文社科出版分社)	
	0371—86059753	
网　　址	www.HUpress.com	
印　　刷	河南瑞之光印刷股份有限公司	
版　　次	2017 年 12 月第 1 版	
印　　次	2018 年 6 月第 2 次印刷	
开　　本	890mm×1240mm　1/32	
印　　张	9.25	
字　　数	208 千字	
定　　价	32.00 元	

本书如有印装质量问题,请与河南大学出版社营销部联系调换。

将军驰沙场　诗词见大风

张国臣

在中华民族源远流长的历史中,发生了多少战争难以统计,但其中孕育的著名将领却家喻户晓。他们如广袤夜空中的群星,熠熠生辉;似茫茫大海中的灯塔,闪闪发亮。从先秦的孙膑、王翦、赵盾到汉朝的韩信、卫青、霍去病,从纪念将领们丰功伟绩的汉朝麒麟阁到唐朝凌烟阁,其战绩彪炳史册,英雄故事口口相传,但他们的志趣、情操、文学素养如何呢?

读了《历代爱国将领诗词故事》,登高望远,遥想他们驰骋沙场,可谓心潮澎湃!

一、爱国心志

诗词是历史的再现,是心灵的记录。优秀的将军在军旅生涯中写下了多少脍炙人口的诗篇啊!他们心存高远、志在万里,诗词大多描述餐风饮露、大漠飞烟的军旅生活和血腥残酷、波澜诡谲的战争场面,故内容上大开大合,意境上隽永深远。南宋抗金名将岳飞写下流传千古的《满江红·写怀》,"壮志饥餐胡虏肉,笑谈渴饮匈奴血",荡气回肠;《满江红·登黄鹤楼有感》中"到而今,铁骑满郊畿,风尘恶。兵安在?膏锋锷。民安在?填沟壑。叹江山如故,千村寥落。何日请缨提锐旅,一鞭直渡清河洛",爱国爱民之心跃然纸上!明朝抗倭名将戚继光,"一年三百六十日,多是横戈马上行",其诗作记录了忠于王事、不暇起居的军旅生活。明末大将袁崇焕,"死后不愁无勇将,忠魂依旧守辽东",一个在战场上不曾战败的将军,却因昏庸的皇帝"自毁干城"而亡,死前想的仍是国家的安危,感人至深!无以有国,何以为家?本书淋漓尽致地展现了将军们出生入死为家国的高尚情怀,字里行间流露出将军们对国家的无限热爱,对人民的满腔深情。战场上横刀跃马,夕阳下马革裹尸,将军们的威武形象之下深藏着一颗颗滚烫的爱国之心!

二、将军素养

能文能武,方显素质修养。一个"沙场秋点兵"的将军,有文化知识,有战术谋略,方能运筹帷幄,决胜千里,指挥若定,攻无不克。宋代的范仲淹既是文豪又是统帅,其《渔家傲》"四面边声连角起,千嶂里,长烟落日孤城闭。浊酒一杯家万里,燕然未勒归无计,羌管悠悠霜满地。人不寐,将军白发征夫泪",苍凉悲切,动人心弦,非文武兼具如何能为?一代名臣于谦,"千锤万凿出深山,烈火焚烧若等闲。粉身碎骨浑不怕,要留清白在人间",在皇帝被俘、主力被歼、兵力不足的情况下,他采取了正确的军事策略和外交方针,击败了来犯的瓦剌军队,创造了一个力挽狂澜的奇迹。明末的卢象升,本是进士,在清兵大举入侵时誓死血战,最终命殒沙场,"搔首问天摩巨阙,平生有恨何时雪",壮怀激烈!该书向我们呈现了一个个立体、全面的将军形象,南征北战、吟诗作赋,若仅一介武夫岂能为之?投笔从戎、血雨腥风,"莫谓书生空议论,头颅掷处血斑斑",将军们的高超素养令人钦佩不已!

三、英雄豪气

捐躯赴国难,视死忽如归。翻开书卷,随处可见将军们"天下兴亡、匹夫有责"的担当,深切感受到他们"粉身碎骨寻常事,但愿牺牲报家国"的凛然和豪迈。宋朝的辛弃疾,"醉里挑灯看剑,梦回吹角连营",一生立志收复失地、报效祖国。宋末的文天祥,"人生自古谁无死,留取丹心照汗青",虽身陷敌手,却悲壮激昂。明朝抗倭名将俞大猷,"我看此袍经百战,半襟犹带血淋纹",倾其一生与倭寇作战,家国一体,战功显赫。清朝的林则徐,"苟利国家生死以,岂因福祸避趋之",严禁鸦片,抵御外辱,坚决维护国家主权和民族利益。一股股马蹄踏起的尘烟,一条条行将解冻的冰河,将军们的诗词让人激动不已、豪情满怀!在卷帙浩繁的书籍中,本书别具一格,呈现了将军们的英雄风貌、浩然正气,具有独特的艺术魅力,散发着巨大的震撼力量!

四、人文情怀

真情最动人。将军们为了朴素的家国理想,在战场上罔顾生死、奋力拼杀,立下了赫赫功勋,树立了伟岸形象,那么他们的内心世界呢?本书艺术地回答了这个问题。在体例布局上,本书勇于创新,先有将领的简介,再选其诗篇、简注,进而介绍诗篇产生的背景,最后着重介绍诗人的生平故事、对后世产生的影响。如此,有助于读者加深对人物的了解,看到将军们的内心世界、成长历程等,从而更深层次地理解诗词内容。比如著名书法家颜真卿,同时还是一名军事家,"三更灯火五更鸡,正是男儿读书时。黑发不知勤学早,白首方悔读书迟",抒发了他珍惜时光、发愤读书、为国效力的真挚情怀。再如高适、岑参,人们原以为其为诗人,却不知他们还在唐朝著名将领哥舒翰和高仙芝的幕府中当过作战参谋。明朝的徐渭,人们只知道他的画很好,却不知道其还在明朝抗倭名将胡宗宪帐下做过多年的军师,很多消灭倭寇的谋略均出自他之手。徐渭自我评价:"平生谋略第一,文章次之,字又次之,画最次。"其自认最次的画却是世间一流,可想其他呢?本书的体例安排,着意将诗词和故事设置为并列关系,诗词是诗人的诗词,故事是诗人的故事,诗词重在释义,故事侧重介绍诗人在战争中取得的丰功伟绩和奠定其历史地位的事件,读起来颇引人入胜。

读史使人明智,吟诗增人智慧。将领们的诗词不在于技法,而在于作者的素养、功底和胸襟,特别是他们作为军人出生入死的履历,锤炼了坚韧的品格,造就了恢宏的意境,再加上他们对战争的切身体悟和深刻理解,实乃一般人所不能及。当前,中国人民正为实现中华民族伟大复兴的中国梦而不懈努力,本书以历代将领所作的诗词为载体,向读者展示了中华儿女可贵的优秀品质、朴素的家国情怀、高尚的道德情操,宣传了"爱国敬业诚信友善"的社会主义核心价值观,对改进社会风气和增强民族自豪感具有很强的现实意义,对于推进全民阅读、建设学习型大国具有积极的推动作用。

将军驰沙场,诗词见大风!

是为序。

(张国臣,系中国作家协会会员、著名嵩山文化学者、博士、教授)

目　录

将军驰沙场　诗词见大风 …………………… 张国臣(1)

霍去病(前140年—前117年),汉族,河东平阳(今山西临汾西南)人,西汉名将、军事家,官至大司马,封冠军侯。
　　霍将军渡河操 ………………………………………… 1
　　生平故事 ……………………………………………… 2

马援(前14年—49年),字文渊,扶风茂陵(今陕西省兴平市窦马村)人,著名军事家,东汉开国功臣之一。
　　武溪深行 ……………………………………………… 9
　　生平故事 ……………………………………………… 10

班固(32年—92年),字孟坚,扶风安陵(今陕西咸阳东北)人,东汉时期杰出的史学家、文学家,"汉赋四大家"之一。他编纂的《汉书》为"前四史"之一。
　　咏史 …………………………………………………… 16
　　生平故事 ……………………………………………… 17

杨素(544年—606年),字处道,汉族,弘农华阴(今属陕西)人。隋朝权臣、诗人、军事家。

出塞二首 ………………………………………… 20
　　生平故事 ………………………………………… 21

贺若弼(544年—607年)，复姓贺若，字辅伯，河南洛阳人，隋朝著名将领，官至右武候大将军。

　　遗源雄诗 ………………………………………… 24
　　生平故事 ………………………………………… 24

李世民(598年—649年)，唐朝第二位皇帝。

　　经破薛举战地 …………………………………… 27
　　过旧宅(其一) …………………………………… 28
　　正日临朝 ………………………………………… 30
　　生平故事 ………………………………………… 30

郭震(656年—713年)，字元振，魏州贵乡(今河北省邯郸市大名县)人，唐朝名将、宰相。

　　古剑篇 …………………………………………… 34
　　野井 ……………………………………………… 35
　　生平故事 ………………………………………… 35

郭子仪(697年—781年)，华州郑县(今陕西华县)人，唐代政治家、军事家。

　　郊庙歌辞·享太庙乐章·保大舞 ………………… 39
　　郊庙歌辞·享太庙乐章·广运舞 ………………… 39

生平故事 …………………………………… 39

高适(704年—765年),字达夫、仲武,景县(今河北省衡水)人,官至左散骑常侍,封渤海县侯,世称"高常侍",唐代著名边塞诗人。
　　燕歌行 ……………………………………… 43
　　生平故事 …………………………………… 45

张巡(708年—757年),唐蒲州河东(今山西永济)人。安史之乱时,他和许远等数千人在内无粮草、外无援兵的情况下死守睢阳,杀伤敌军数万,最后战死。
　　守睢阳作 …………………………………… 48
　　闻笛 ………………………………………… 50
　　生平故事 …………………………………… 51

许远(709年—757年),唐代官吏,字令威,杭州盐官(今浙江海宁西南)人。安禄山反,许远与张巡协力守城,外援不至,城陷被俘,不屈而死。
　　题泗水亭 …………………………………… 57
　　生平故事 …………………………………… 57

颜真卿(709年—784年),字清臣,唐京兆万年(今陕西西安)人,唐代书法家、军事家。颜真卿曾固守平原城,率军大破安禄山叛军。

劝学 ………………………………………… 60
生平故事 ……………………………………… 60

严武(726年—765年),字季鹰,华州华阴(今陕西省渭南市)人,以破吐蕃功进检校吏部尚书,封郑国公。
军城早秋 ……………………………………… 65
生平故事 ……………………………………… 65

裴度(765年—839年),字中立,河东闻喜(今山西闻喜东北)人,唐代中期杰出的政治家、文学家、军事家。
中书即事 ……………………………………… 68
生平故事 ……………………………………… 69

范仲淹(989年—1052年),字希文,谥号文正,亦称范履霜,北宋著名政治家、文学家、军事家、教育家。
渔家傲·秋思 ………………………………… 74
苏幕遮·怀旧 ………………………………… 75
御街行·秋日怀旧 …………………………… 75
剔银灯·与欧阳公席上分题 ………………… 76
生平故事 ……………………………………… 77

韩琦(1008年—1075年),字稚圭,相州安阳(今河南安阳)人,北宋政治家、名将。
忆江南·安阳好 ……………………………… 82

小桧 …………………………………………… 82
九日水阁 ………………………………………… 83
生平故事 ………………………………………… 83

宗泽(1060年—1128年),字汝霖,婺州义务(今浙江义乌)人,宋朝名将。

早发 ……………………………………………… 87
生平故事 ………………………………………… 87

李纲(1083年—1140年),字伯纪,号梁溪先生,北宋末、南宋初抗金名臣,民族英雄。

病牛 ……………………………………………… 92
感皇恩·九日菊花迟 …………………………… 93
生平故事 ………………………………………… 93

韩世忠(1089年—1151年),陕西省绥德县人,字良臣,两宋之际的名将。

题云居壁 ………………………………………… 98
生平故事 ………………………………………… 98

张浚(1097年—1164年),字德远,汉州绵竹(今属四川)人。南宋宰相、抗金名将、民族英雄,西汉留侯张良之后。

阆中陈尧叟兄弟读书堂 ………………………… 103
生平故事 ………………………………………… 103

岳 飞(1103年—1142年),字鹏举,宋相州汤阴县(今河南安阳市汤阴县)人,中国历史上著名的军事家、战略家、民族英雄,位列南宋"中兴四将"之首。

  池州翠微亭 …………………………………………… 109
  满江红·登黄鹤楼有感 …………………………… 110
  满江红·写怀 ………………………………………… 112
  小重山·昨夜寒蛩不住鸣 ………………………… 114
  生平故事 ……………………………………………… 115

辛弃疾(1140年—1207年),字幼安,号稼轩,山东东路济南府历城县(今济南市历城区)人,南宋著名词人、将领。

  南乡子·登京口北固亭有怀 ……………………… 122
  生平故事 ……………………………………………… 123

李庭芝(1219年—1276年),字祥甫,随地(今湖北随州)人,民族英雄。

  挽胡季昭二首 ……………………………………… 126
  生平故事 ……………………………………………… 126

陆秀夫(1236年—1279年),字君实,别号东江,楚州盐城长建里(今江苏省建湖县建阳镇)人,南宋左丞相,抗元名臣。

  鹤林寺 ………………………………………………… 129
  生平故事 ……………………………………………… 129

文天祥(1236年—1283年)，字履善，又字宋瑞，自号文山、浮休道人，吉州庐陵(今江西吉安县)人，南宋末政治家、文学家，民族英雄。

端午即事 …………………………………… 133
过零丁洋 …………………………………… 133
沁园春·题潮阳张许二公庙 ……………… 134
扬子江 ……………………………………… 136
正气歌 ……………………………………… 137
生平故事 …………………………………… 138

谢翱(1249年—1295年)，字皋羽，一字皋父，号宋累，又号晞发子，南宋爱国诗人，"福安三贤"之一。

书文山卷后 ………………………………… 144
过杭州故宫二首 …………………………… 145
生平故事 …………………………………… 146

刘基(1311年—1375年)，字伯温，处州青田县南田乡(今浙江省文成县)人，元末明初杰出的军事家、政治家、文学家和思想家。

北风行 ……………………………………… 148
题太公钓渭图 ……………………………… 148
生平故事 …………………………………… 149

徐达(1332年—1385年)，字天德，濠州钟离(今安徽凤阳东北)人,中国明朝开国军事统帅。
澜渡秋声 ………………………………………… 154
生平故事 ………………………………………… 154

于谦(1398年—1457年),字廷益,号节庵,官至少保,世称于少保,明朝浙江钱塘县(今浙江省杭州市)人,历任明朝山西河南巡抚、兵部侍郎、兵部尚书。
北风吹 …………………………………………… 158
观书 ……………………………………………… 158
过菊江亭 ………………………………………… 159
石灰吟 …………………………………………… 159
咏煤炭 …………………………………………… 160
岳忠武王祠 ……………………………………… 161
生平故事 ………………………………………… 162

王守仁(1472年—1529年),幼名云,字伯安,号阳明,谥号文成,人称王阳明,明代最著名的思想家、文学家、哲学家和军事家。
罗旧驿 …………………………………………… 166
生平故事 ………………………………………… 166

俞大猷(1503年—1579年),字志辅,又字逊尧,号虚江,晋江(今福建泉州)人,明代抗倭名将、诗人、民族英雄。
杨西洲南征赠以战袍 …………………………… 169

勉李季春………………………………………… 169
秋日山行………………………………………… 170
舟师……………………………………………… 170
生平故事………………………………………… 171

徐渭(1521年—1593年),绍兴府山阴(今浙江绍兴)人,字文长,明代著名军事家、文学家、书画家、戏曲家。

题墨葡萄诗……………………………………… 175
生平故事………………………………………… 176

戚继光(1528年—1588年),字元敬,号南塘,晚号孟诸,卒谥武毅,明代著名抗倭将领、军事家。

韬钤深处………………………………………… 181
过文登营………………………………………… 181
马上作…………………………………………… 182
望阙台…………………………………………… 182
生平故事………………………………………… 183

邓子龙(1528年—1598年),字武桥,号大千,别号虎冠道人,江西丰城(今江西丰城新庄镇)人,明朝杰出的抗倭将领、军事家、民族英雄。

磨剑口占………………………………………… 190
生平故事………………………………………… 190

陈璘(1532年—1607年),字朝爵,号龙崖,韶州翁源县(今广东省韶关市翁源县)人,明朝将领、抗倭英雄。

赠李舜臣二首 ·················· 194
生平故事 ······················ 194

李舜臣(1545年—1598年),字汝谐,号德水,朝鲜京畿开丰(今开城)人,李氏朝鲜时期名将,朝鲜半岛的民族英雄。

用陈璘诗韵和诗二首 ············· 199
生平故事 ······················ 200

李如松(1549年—1598年),字子茂,号仰城,辽东铁岭卫(今辽宁省铁岭市)人,明朝抗倭名将。

赠朝鲜都休察使柳成龙 ·········· 202
生平故事 ······················ 202

李化龙(1554年—1611年),字于田,号霖寰,明直隶大名府长垣县(今属河南)人,明朝著名大臣、将领。

出师二首 ······················ 209
生平故事 ······················ 210

孙承宗(1563年—1638年),字稚绳,号恺阳,北直隶保定高阳(今河北)人,明末军事战略家。

春怀六首 ······················ 213

中右所不寐 ………………………………… 213
生平故事 …………………………………… 214

袁崇焕(1584年—1630年),字元素,号自如,广州府东莞县石碣镇(今属广东省东莞市)人,明末著名军事家、政治家、文学家。

哭熊经略二首 ……………………………… 216
入狱 ………………………………………… 218
狱中对月 …………………………………… 218
临刑口占 …………………………………… 219
生平故事 …………………………………… 219

孙传庭(1593年—1643年),字伯雅,又字白谷,代州镇武卫(今山西代县)人,明朝著名将领。

伍家集早发 ………………………………… 226
留别吴鹿友中丞四首 ……………………… 226
生平故事 …………………………………… 227

卢象升(1600年—1639年),字建斗,号九台,明南直隶常州府宜兴县(今江苏省宜兴市)人,著名爱国将领。

过穆陵关 …………………………………… 232
过太平驿 …………………………………… 232
军中七夕歌 ………………………………… 233
生平故事 …………………………………… 233

史可法(1601年—1645年),字宪之,又字道邻,直隶大兴县(今北京大兴)人,明末抗清将领、民族英雄。
  送管城斋少宗伯同年归里……………………… 237
  生平故事…………………………………………… 237

郑成功(1624年—1662年),本名森,又名福松,字明俨、大木,福建泉州南安人,明末清初军事家,抗清名将,民族英雄。
  复台………………………………………………… 241
  生平故事…………………………………………… 241

福康安(1754年—1796年),字瑶林,号敬斋,清代乾隆年间名将。
  寄惠椿亭侍郎…………………………………… 245
  生平故事…………………………………………… 245

林则徐(1785年—1850年),字元抚,又字少穆、石麟,晚号俟村老人、俟村退叟等,福建侯官人(今福建省福州),清朝后期政治家、思想家、诗人,民族英雄。
  赴戍登程口占示家人…………………………… 250
  生平故事…………………………………………… 251

曾国藩(1811年—1872年),初名子城,字伯涵,号涤生,清朝长沙府湘乡(现属湖南省娄底市双峰县)人,中国近代政治家、军事家、理学家、文学家。

早发沔县遇雨 ·············· 254
生平故事 ·················· 255

左宗棠(1812年—1885年),字季高,一字朴存,号湘上农人,晚清重臣,军事家、政治家,洋务派首领。

癸巳燕台杂感 ·············· 258
生平故事 ·················· 259

石达开(1831年—1863年),小名亚达,绰号石敢当,广西贵县(今贵港)客家人,太平天国名将,近代中国著名的军事家、政治家、武学家。

答曾国藩诗五首 ············ 264
生平故事 ·················· 264

后　记 ···················· 272

霍去病(前140年—前117年),西汉王朝的骠骑将军、大司马,中国历史上最杰出的军事天才,西汉名将卫青的外甥。霍去病为人沉稳,勇于任事,精通兵略,屡建军功。汉武帝元狩二年(前121年),霍去病任骠骑将军,多次征伐匈奴,缓解了匈奴对西汉北境的威胁。在两次河西之战中,霍去病大破匈奴,俘获匈奴祭天金人,直取祁连山。在漠北之战中,霍去病封狼居胥,大捷而归。元狩六年(前117年),霍去病因病去世,年仅23岁(有说24岁)。

霍将军渡河操①

四夷既护,诸夏康兮。国家安宁,乐未央兮。
载戢干戈,弓矢藏兮。麒麟来臻,凤凰翔兮。
与天相保,永无疆兮。亲亲百年,各延长兮。

简析

这是一首琴歌,大意为:四边都平定了,百姓安居乐业,国家安定,乐事正长。战事平息了,刀枪入库马放南山,百鸟百兽都熙熙和乐,欣然来朝。得上天护佑,国祚永长。汉夷如亲人一般共处,各民族都会代代相传。

歌中表现了作者以战止战的情怀,以及汉朝的大国气度、将军的从容和威严。

---

① 东汉蔡邕编集《琴操》,收有《霍将军渡河歌》一首,去病所作也。《古今乐录》曰:"霍将军去病益封万五千户,秩禄与大将军等,于是志得意欢而作歌。"

生平故事

霍去病出生在一个传奇的家庭,他是平阳公主府的女奴卫少儿与平阳县小吏霍仲孺的结晶。霍仲孺不敢承认自己跟公主的女奴私通,于是霍去病只能以私生子的身份降世。一个父亲不敢承认的私生子,母亲又是个女奴,看起来霍去病是永无出头之日,然而奇迹降临在这个家庭。

大约在霍去病刚满周岁的时候,他的姨母卫子夫进入了汉武帝的后宫,并且很快被封为夫人,恩宠甚厚。霍去病的舅舅卫长君、卫青也随即晋为侍中,卫氏家族从此改变了命运。这时候谁也想不到的是,被改变的还有多年来汉朝和匈奴之间的攻守形势。

汉武帝刘彻是中国历史上武功颇盛的帝王,而当时的西汉王朝,边境不稳,时时遭受匈奴的侵扰。作为游牧民族的匈奴,几乎把以农耕为生的汉朝当成了自己予取予求的库房,烧杀掳掠无所不为。面对这样的局面,长城内的西汉王朝却无力从根本上改变,胜利的时候极少,更多的时候只能寄希望于以和亲以及大量的"陪嫁"买来暂时的相对平安。

雄才大略的汉武帝希望改变这样的形势,而他很快就在身边找到了和自己志同道合的人,这个人就是卫子夫的弟弟卫青。

元光五年(前130年),卫青拜车骑将军,和久负盛名的"飞将军"李广等三员将领各率一支军队出塞。在这次出兵过程中,四路大军三路大败,尤其离谱的是老将李广竟然被匈奴所房,好不容易才逃归。第一次领兵出塞的"骑奴"卫青反而出上谷直捣龙城,斩敌七百,成为真正的"龙城飞将"。

卫青的军事才能使汉武帝对他刮目相看,他从此屡屡出征,战果累累。

在卫青建功立业的同时,霍去病也渐渐地长大了,在舅舅的影响下,他自幼精于骑射,虽然年少,却不屑于像其他的王公子弟那样待在长安城里享受长辈的荫庇,而渴望建功立业。

元朔六年(前123年),汉武帝再次筹划了一场大规模的对匈反击战(即历史上著名的漠南之战)。未满18岁的霍去病主动请缨,汉武帝遂封他为骠姚校尉,随军出征。

在战场上,霍去病再三请战,卫青便给了他八百名骑兵。霍去病率领自己的第一批士卒,在茫茫大漠里奔驰数百里寻找敌人踪迹,结果他的"长途奔袭"遭遇战首战告捷,斩敌二千余人,匈奴单于的两个叔父一个毙命一个被活捉,而霍去病的八百骑兵则全身而返。大喜过望的汉武帝立即将他封为"冠军侯",赞叹他勇冠三军。

霍去病的首战,以这样夺目的战果向世人宣告:汉家最耀眼的一代名将横空出世了。

汉武帝对霍去病的用兵天分啧啧称奇。也许是为了再试探一次霍去病的天赋和勇气,元狩二年(前121年)的春天,汉武帝任命霍去病为骠骑将军,让他独自率领精兵一万出征匈奴。

19岁的统帅霍去病不负众望,在千里大漠中闪电奔袭,打了一场漂亮的大迂回战。六天中他转战匈奴五部落,一路猛进,并且在皋兰山与匈奴卢侯王、折兰王打了一场硬碰硬的生死战。

在这场战斗中,霍去病和他的部下迎战以逸待劳的匈奴军队,视死如归,奋勇拼杀,最终取得了胜利,但一万精兵仅有三千人回师长安。而匈奴更是损失惨重——士兵被斩八千九百六十人,卢侯王和折兰王都死于战阵,浑邪王子及相国、都尉做了俘虏,匈奴休屠祭天金人也成了汉军的战利品。

自此之后,汉王朝中再也没有人质疑少年霍去病的统军能力,他成为汉军的一代楷模、尚武精神的化身。

同年夏天,汉武帝决定乘胜追击,展开收复河西之战。

此战,霍去病成为汉军的统帅,而多年的老将李广等人只作为他的策应部队。

令人哭笑不得的是,配合作战的公孙敖等常跑大漠的"老马"还不如仅有两年军龄的长安公子霍去病,居然在大漠中迷了路,没有起到应有的策应作用,而老将李广所部则被匈奴左贤王包围。

霍去病遂再次孤军深入,并再次大胜。

就在祁连山,霍去病所部斩敌三万余人,俘虏匈奴王爷五人以及匈奴大小阏氏、匈奴王子共计五十九人,俘虏相国、将军、当户、都尉共计六十三人。

经此一役,匈奴不得不退到焉支山北,汉王朝收复了河西平原。曾经在汉王朝头上为所欲为、使汉朝无数百姓家破人亡的匈奴终于也唱出了哀歌:"亡我祁连山,使我六畜不蕃息;失我焉支山,使我妇女无颜色。"

从此,汉军军威大振,而霍去病更成了令匈奴人闻风丧胆的战神。

而令他威名达到顶峰的,则是"河西受降"。

两场河西大战后,匈奴单于想狠狠地惩罚打了败仗的浑邪王。消息走漏后,浑邪王和休屠王便想要投降汉朝。

汉武帝不知匈奴二王投降的真假,遂派霍去病前往黄河边受降。

当霍去病率部渡过黄河之后，果然匈奴降部发生了哗变。面对这样的情形，霍去病完全不顾被扣作人质或者被杀的危险，竟然只带着数名亲兵就冲进了匈奴营中，直面浑邪王，命他诛杀哗变士卒。霍去病的气势不但镇住了浑邪王，同时也镇住了四万多名匈奴人，河西受降顺利完成。

我们只能用景仰的心努力想象，在局势迷离、危机四伏之时，那位少年是怎样站在敌人的营帐里，将帐外四万兵卒、八千乱兵制服的。

这是中国历史上中原第一次面对外虏的受降，不但使百年来饱受匈奴侵扰之苦的汉朝人扬眉吐气，更使汉朝人有了身为强者的自信。从此，河西走廊正式并入汉王朝。汉王朝的版图上从此多了武威、张掖、酒泉、敦煌四郡，后来许许多多的边塞诗里都有这四郡的身影。

元狩四年（前117年），为了彻底消灭匈奴主力，汉武帝发起了规模空前的"漠北大战"。这场大战完全可以算是霍去病的巅峰之作。

这时的霍去病已经毫无争议地成为汉军的王牌，汉武帝对霍去病的能力无比信任。在这场战争中，原本安排了霍去病打单于，结果由于情报错误，霍去病没能遇上他最渴望交手的对手，而是碰上了左贤王部。

在深入漠北寻找匈奴主力的过程中，霍去病率部奔袭两千多里，以损兵一万五千人的代价，歼敌七万多人，俘虏匈奴王爷三人，俘获将军、相国、当户、都尉八十三人。大约是渴望碰上匈奴单于，霍去病一路追杀，来到了今蒙古肯特山一带。

就在这里,霍去病暂作休整,率大军于狼居胥山进行了祭天地的典礼——后来,历代写战争凯旋、表达豪气和必胜决心的诗词都会用到"封狼居胥"这个典故。

封狼居胥之后,霍去病继续率军深入追击匈奴,一直打到瀚海(今俄罗斯贝加尔湖)。经此一役,"匈奴远遁,漠南无王庭"。22岁的霍去病和他的"封狼居胥",从此成为中国历代兵家的最高人生追求和终生奋斗的梦想。在完成了这样的不世功勋之后,霍去病被封为大将军、大司马。

仅过了两年,24岁的大将军霍去病就去世了,谥封景桓侯。

汉武帝对霍去病的死异常悲伤。他调来铁甲军,列成阵,沿长安一直排到茂陵霍去病墓地。他还下令将霍去病的坟墓修成祁连山的模样,彰显他力克匈奴的奇功。

霍去病为人沉稳,勇于任事,少言多行,从不说空话。汉武帝曾经想亲自教他孙吴兵法,他回答道:"打仗应该随机应变,而且时势易变,古代的兵法已不合适了。"他年少时长于绮罗,却从来不曾沉溺于富贵荣华。汉武帝曾为霍去病修建过一座豪华的府第,霍去病却拒绝收下,说:"匈奴未灭,何以家为?"这短短的八个字,已成为历代爱国志士的箴言,二千一百年来,它始终回响在历朝历代爱国将士的心头耳际。

千载之后,世人遥想少年大将霍去病的绝世风采,仍为他那不恋奢华、保家卫国的壮志而心潮澎湃。霍去病也成为历代诗词名家写作、刻画的对象,诗人们以之为意,留下了许多动人的诗篇。

影响

孝武皇帝为骠骑将军霍去病治第舍,敕令视之,曰:"匈奴不灭,何以家为!"

——东汉·应劭

昔者,汉武之有事于匈奴也,其世家宿将交于塞下。而卫青起于贱隶,去病奋于骄童,转战万里,无向不克,声威功烈震于天下,虽古之名将无以过之。二人者之能,岂出于素习耶?亦天之所资也。是以汉武欲教去病以孙、吴之书,乃曰:"顾方略何如耳,不求学古兵法。"信哉,兵之不可以法传也。昔之人无言焉,而去病发之。此足知其为晓兵矣。

——北宋·何去非

臣闻汉有卫青、霍去病,唐有郭子仪、李晟,西北望而畏之。

——北宋·李惟清

暗合孙吴,时称卫霍。殄灭群丑,肃清沙漠。
意气峥嵘,功名熏灼。民到于今,叹其雄略。

——南宋·陈元靓

自古名将不用古兵法者三人,汉霍去病、唐张巡、宋岳飞而已,皆能立功当时,垂名后世,然则兵法果不可用耶?曰兵法譬则弈者之谱也,谱设为之法尔,用之以应变制胜则在乎人,兵法亦犹是焉。

——明·丘濬

卫青之屡次立功,具有天幸,而霍去病亦如之。六师无功,去病独能战捷,枭虏侯,擒虏目,斩虏首至二千余级,虽曰人事,岂非天命!汉武诸将,首推卫霍,一舅一甥,其出身相同,其立功又同,亦汉史中之一奇也。

——清·蔡东藩

霍去病是汉武帝亲自培养、一手提拔起来的。他对霍去病的宠信,似乎超过了所有的大臣。这其中固然不乏裙带关系和私人感情的因素,而最根本的原因,却是因为霍去病具有一种强烈的忠君报国精神和奋发有为的气势。……从某种意义上说,霍去病正是因为具有为国忘家的高尚品格,才能够屡建奇劝。

——当代·陈梧桐

马援(前14年—49年),字文渊,扶风茂陵(今陕西省兴平市窦马村)人,东汉开国功臣之一。西汉末年,天下大乱,马援为陇右军阀隗嚣的属下,甚得隗嚣的信任,后归顺光武帝刘秀,为刘秀统一天下立下了赫赫战功。东汉建立后,马援不顾年迈,仍请缨东征西讨,西破羌人,南征交趾,因功封新息侯,其老当益壮、马革裹尸的气概甚得后人的崇敬。他于讨伐五溪蛮时身染重病,不幸去世。马援是著名的伏波将军,被人尊称为"马伏波"。

武溪深行

滔滔武溪一何深!鸟飞不度,兽不敢临。嗟哉武溪多毒淫①!

简析

晋代崔豹所著的《古今注》上记载:《武溪深》是马援南征时所作之歌。马援的一个门生爰寄生擅长吹笛,马援作歌并令寄生吹笛相和,这首曲子就叫《武溪深》。

"武溪",一作"五溪",在湖南、贵州交界处,时称当地少数民族为"五溪蛮"。

当时马援以62岁高龄率军击五溪蛮,因暑热瘴气,士卒多因疫而死,马援也因此而生了病。由于瘴疠导致战事不利,一代名将偏于垂暮之年遭此重挫,其内心之悲慨不难想知。况五溪蛮兵力少,甲仗落后,根本不是汉军对手,唯凭借天险气候,更令人愤然难申。故此歌一概略去交战过程,唯独慨叹山川之险。全诗几乎全以唱叹出之,语言朴直真率,而感慨深沉。

---

①嗟哉,感叹之词。毒淫,指南方亚热带丛林中之瘴气疫疠。

生平故事

提起伏波将军马援,他在诗词中留下的典故不可谓不多:"聚米""画虎""诫子箴""飞鸢悔""款段马""明珠薏苡",还有最著名的"马革裹尸"。如此多的典故集于一人之身,说明马援一生确乎是跌宕起伏。

马援先祖为赵奢,号曰马服君,子孙因此改姓马。汉武帝时,马援曾祖马通以功封侯,后因哥哥莽何罗谋反被杀,家道中落。

马援少有大志,种田放牧,收获

马援画像

颇丰,家有马、牛、羊几千头,谷物数万斛。马援将田牧所得都分给兄弟朋友,自己过着清简的生活,因而令名远著,不断有人来依附他。马援常对宾客们说:"大丈夫的志气,应当穷当益坚,老当益壮。"

新莽灭亡后,马援受到陇右割据势力隗嚣的器重,被任命为绥德将军。同年,公孙述在蜀地称帝,隗嚣派马援去探听虚实。马援分别见过公孙述与刘秀之后,认为公孙述妄自尊大,不能久留天下志士,而刘秀胸怀阔达而有大节,便劝说隗嚣归汉。隗嚣先是同意归汉,后因部将王元挑拨,想占据陇西,因而对汉存有二心,处事狐疑。马援见状,多次写信相劝。隗嚣认为马援背离自己,竟起兵抗拒朝廷。

建武八年(32年),刘秀亲征隗嚣。不少将领认为前途不明，胜负难卜，不宜深入险阻。刘秀犹豫不定，于是向马援征询意见。马援认为隗嚣的部将已有分崩离析之势，如果乘机进攻，定获全胜，并命人取些米来，在光武帝面前用米堆成山谷沟壑等地形地物，然后指点山川形势，对战局的分析透彻明白。刘秀大喜，挥军直进，分数路攻陇，隗嚣部将十三人及部众十万余人不战而降。

从新莽末年开始，塞外羌族不断侵扰边境，建武十一年（35年），刘秀命马援平羌。马援派步骑三千在临洮击败先零羌，斩敌数百人，获马、牛、羊一万多头，守塞羌人望风归降。当时，羌族各个部落还有几万人占据要隘进行抵抗，马援和马成率兵进击，大获全胜，斩敌首千余级。马援身先士卒，被冷箭射穿了小腿。刘秀派人前往慰问，并赐牛羊数千头，马援又把这些都分给了部下。

当时，金城破羌县以西，离汉廷道途遥远，又经常发生变乱，不好治理。朝廷大臣商议，要把该地区舍弃。马援持不同意见，他提出了三条理由：第一，破羌以西的城堡都还完整牢固，适于固守；第二，那地方土地肥沃，灌溉便利；第三，假如舍弃不管，任羌人占据湟中，那么以后将有无穷的祸患。

刘秀听从了他的建议，命武威太守把从金城迁来的三千多个客民全都放回原籍。马援为他们安排官吏，修治城郭，建造工事，开导水利，鼓励人们发展农牧业生产，郡中百姓从此安居乐业。

马援在陇西太守任上六年，恩威并施，使得陇西兵戈渐稀，人们也逐渐过上了和平安定的生活。

建武十七年（41年），马援被征入朝任虎贲中郎将。

不久,交趾女子征侧、征贰举兵造反,公开与东汉朝廷决裂,合浦等地纷纷响应。刘秀任命马援为伏波将军,南击交趾。建武十八年(42年),马援率军到达浪泊,大破反军,斩敌首数千级,降者万余人。马援乘胜进击,在禁溪一带数败征侧,敌众四散奔逃。建武十九年(43年)五月,马援斩杀征侧、征贰,传首洛阳。朝廷封马援为新息侯,食邑三千户。

在平定岭南过程中,马援每到一处都组织人力,为郡县修治城郭,并开渠引水,灌溉田地,便利百姓。马援还参照汉代律法,对越律进行了整理,修正了越律与汉律相互矛盾的地方,并向当地人申明,以便约束。从此之后,当地始终遵行马援所申律法,所谓"奉行马将军故事"。

得胜还朝时,很多故旧前来祝贺,马援说:"现在匈奴和乌桓尚在侵扰北方的边境,我想上表请求征伐。男儿要死于边野,以马革裹尸还葬,怎么能死在床箦之间呢!"一个月后,正逢匈奴、乌桓侵犯扶风,马援请求出征,皇帝准许。马援率领三千兵骑出征,乌桓见汉军到来纷纷散去,马援无所得而还朝。

建武二十四年(48年),南方武陵郡五溪蛮暴动,马援时年62岁,请命南征。刘秀考虑到他年事已高,没有答应他的请求。马援披甲持兵,飞身上马,手扶马鞍,四方顾盼,一时须发飘飘,神采飞扬,真可谓"烈士暮年,老当益壮"。刘秀很受感动,于是派马援率四万人远征武陵。

建武二十五年(49年),马援率部到达临乡,大败蛮兵,斩俘两千余人,蛮兵逃入竹林中。此前,当部队到下隽时,有两条路可走,一是经壶头山,一是经充县。经壶头山,路近,但山高水险;经充县,路远,粮运不便,但道途平坦。权贵子弟耿舒想从充县出发,而马援则认为,进军充县耗日费粮,不如直进壶头山,扼其咽喉,充县的蛮兵定会不攻自破。两个人意见不一致,便向皇帝上表请裁决,皇帝同意马援的意见。

三月,马援率军进驻壶头山。蛮兵据高凭险,紧守关隘。水势湍急,汉军船只难以前进,加上天气酷热难当,好多士兵得了暑疫,马援也身患重病,部队陷入困境。马援命令靠河岸、山边凿成窟室,以避炎热的暑气。虽困难重重,但马援意气自如,壮心不减。每当敌人登上高山、鼓噪示威,马援都拖着重病之躯出来观察瞭望敌情。

但耿舒却在此时告了马援一状:"前次我上书建议当先进攻充县,粮虽难运而兵马得以展开使用,军人数万争先奋进。今困在壶头不得进,马伏波困于疾疫裹足不前,都如我所预言的一样。"刘秀就派虎贲中郎将梁松去责问马援,并命他代监马援的部队。梁松到时,马援已死。而梁松对马援素有怨恨,因为之前马援生过一次病,梁松去探望他,在马援床边行礼,马援没有应答。梁松走后,马援的子侄们问:"梁松是朝廷贵戚,公卿之下的官员没有不忌惮他的,您为何不给他还礼呢?"马援说:"我是梁松父亲的朋友。他如今虽然显贵,难道能够乱了长幼之序吗?"梁松因此怀恨在心,乘机诬陷马援。

当初南征交趾时,马援常吃一种叫薏苡的植物用来避除邪风瘴气。由于当地的薏苡果实硕大,马援班师回京时就拉了满满一车,准备用来做种子。当时人们见马援拉了一车东西,以为是南方出产的珍贵稀有之物。马援死后,有人上书说马援曾搜刮了一车珍珠文犀运回。马武、侯昱等人也上表章,说马援确实曾运回过一车珍稀之物,刘秀更加愤怒。

马援的家人不知他究竟身犯何罪,惶惧不安。马援的侄儿马严和马援的妻子、儿女们到朝廷请罪,刘秀拿出梁松的奏章给他们看。马援夫人知道事情原委后,先后六次向皇帝上书申诉冤情,云阳令朱勃也上书为马援鸣不平,刘秀这才下令安葬马援。

永平三年(60年),马援的女儿被汉明帝立为皇后。明帝在云台阁画建武年间的名臣列将,为了避椒房之嫌,单单没画马援。东平王刘苍观看画像时,问明帝:"为什么不画伏波将军的像呢?"明帝笑而未答。

建初二年(78年),汉章帝派五官中郎将持节追加册封,谥马援为忠成侯。

马援大半生都在"安边"战事中度过,他忠勤国事,马革裹尸,令人钦佩。

影响

矍铄哉是翁也!

——东汉·刘秀

马将军诚神人也!

——东汉·吕种

二帝已驰声,五溪还总兵。受诏金鞍动,论功铜马成。
唯称聚米势,无惭薏苡情。虽谢云台影,犹传千载名。

——东汉·王由礼

蒙蒙箟竹下,有路上壶头。汉垒磐踞斗,蛮溪雾雨愁。
怀人敬遗像,阅世指东流。自负霸王略,安知恩泽侯。

乡园辞石柱,筋力尽炎洲。一以功名累,翻思马少游。

——唐·刘禹锡

还书万里诫诸郎,毁誉翻成误季良。
说道谨言元不谨,谤招薏苡亦堪伤。

——南宋·徐钧

南征交趾,西破羌戎。于谁之德,伏波之功。
老当益壮,心存匪躬。天长地久,人仰英风。

——宋末元初·陈元靓

能任也,则不能让,所谓豪杰之士也,韩信、马援是已。

——明末清初·王夫之

南征一曲武溪深,凄绝骚人吊古心。
裹革勋名谁得似,跕鸢风景客重临。
群山尚作论兵势,万里常怀教子箴。
毕竟何如乘款段,拜来床下独沉吟。

——清·金虞

马援自是东汉一奇男子,其自命奇,其为人谋奇,其持论奇,其立功奇,其一生之结局亦奇。以世家子弟而就边郡田牧,役属宾客,分散亲故,此其自命奇也。先投隗嚣,力陈祸福;后归光武,高参计画,此其为人谋奇也。曰"穷当益坚,老当益壮",曰"死于边野,马革裹尸",此其持论奇也。西破诸羌,南平交趾,镇三辅地而使之不惊,击五溪蛮而迄于垂成,此其立功奇也。建勋生前,蒙谤身后,以轻财始,以诬赃终,此其一生之结局奇也。

——现代·李景星

班固(32年—92年)字孟坚,汉族,扶风安陵(今陕西咸阳东北)人,东汉史学家、文学家,史学家班彪之子。班固潜心二十余年,修成《汉书》,当世重之。《汉书》开创了"包举一代"的断代史体例,为后世"正史"之楷模。

咏史

三王德弥薄,惟后用肉刑。太仓令有罪,就递长安城。
自恨身无子,困急独茕茕。小女痛父言,死者不可生。
上书诣阙下,思古歌鸡鸣。忧心摧折裂,晨风扬激声。
圣汉孝文帝,恻然感至情。百男何愦愦,不如一缇萦。

简析

这首诗歌咏了西汉初期的一位女子——淳于缇萦。正是由于她伏阙上书,不仅救了将要遭受刑罚的父亲,还感动汉文帝下达了废除肉刑的著名诏令。

前两句中,诗人先追述了肉刑的历史:三王德弥薄,惟后用肉刑。"三王"指的是夏禹、商汤和周之文王、武王,据说他们以"文德"治理天下,刑罚弃置不用,被誉为"帝王之极功"。但是到了后来的帝王们,就不免王德日薄、刑法滥施了。这两句思接千载,于历史追述中表达了诗人对统治者使用肉刑的看法。

"太仓令有罪,就递长安城。自恨身无子,困急独茕茕。小女痛父言,死者不可生。上书诣阙下,思古歌鸡鸣。忧心摧折裂,晨风扬激声",这几句讲述了一个完整的"缇萦救父"的故事。"太仓令"即汉初名医淳于意,文帝四年(前176年),他被人告发医治有误触犯刑律,被逮捕押往长安,几个女儿急得直哭,淳于意骂道:"生女儿真不如生儿子,出了事女儿都帮不上忙!"小女儿缇萦听了父亲的话十分悲伤,并且感到肉刑这种刑罚断人肢体,刻入肌肤,终身不免,会导致斩首者不可复生,而受刑致残者也没有任何改过自新的机会了。于是缇萦毅然随父进京,上书汉文帝,愿入身为官婢,以赎父亲之罪。

"圣汉孝文帝,恻然感至情",缇萦舍身救父的一片孝心感动了汉文帝,文帝不但赦免了她的父亲,并且做出了废除肉刑的重大决策。诗人有感于此,在结句中不禁感叹"百男何愦愦,不如一缇萦"!

生平故事

班固的祖先于秦汉之际在北方从事畜牧业致富,后来世代从政。曾祖父班况,成帝时为越骑校尉,班况的女儿被成帝选入宫中为婕妤;祖父班稚,官至广平相,被王莽排挤而为延陵园郎;父亲班彪,曾在光武帝时任县令,是东汉著名的史学家。

班固自幼接受儒学世家的良好教育,加之聪明好学,9岁就能写文章、诵诗赋了。父亲班彪是当时远

班固画像

近闻名的学者,好多人都前来拜他为师或探讨学问。受父辈学者的影响,班固开阔了眼界,学业大有长进,具备了非常高的文化修养与著述能力,又因其性格随和,不骄傲,故在同学与士林中的口碑也非常好。

后来,父亲有意续写《史记后传》,开始阅读大量汉朝典籍。在父亲的影响下,班固也开始留意汉史。班彪死后,班固感到父

亲已经撰成的《史记后传》的部分内容还不够详备,布局也尚待改进,没有撰成的部分需要重新续写。于是他在父亲已成《史记后传》的基础上,利用家藏的丰富图书,正式开始撰写《汉书》。

班固立志著史,不仅是为了继承父亲的遗志,而且也是要远接从司马迁、刘向、扬雄以来修史的传统。西汉一代二百一十余年,有过赫赫功业,也有过许多弊政,其中治乱兴衰,使人慨叹,给人启发,写出一部"汉史",正是当时学者的责任。历史如果不能被及时记录,撰成史书,后人所能获得的史料岂不更少!所以他才拿起笔来,立志完成父亲的未竟之业。

班固"潜精研思"25年,撰成《汉书》,得到了汉明帝、汉章帝的赏识,多次召他入宫廷侍读。章帝出巡,班固常随侍左右,对于朝廷大事,也常奉命发表意见,曾参加讨论对西域和匈奴的政策。

汉和帝永元元年(89年),大将军窦宪奉旨远征匈奴,班固渴望建立军功,请求随军出征,被任命为中护军随行,参与谋议。窦宪大败北单于,登上燕然山(今蒙古境内的杭爱山),命班固撰写了著名的《燕然山铭文》,刻石记功而还。

"燕然刻石"是史书记载的边塞纪功碑的源头,这次刻石纪功行为被后世继承下来,从而形成边塞纪功碑的传统,一直沿袭到清朝。

《封燕然山铭》全文记录在《后汉书》中,共303字。据《后汉书》记载,永元元年(89年)的战役杀敌一万三千人,二十余万人投降,获马、牛、羊、橐驼百余万头。东汉时期多次汉匈战争中,永元元年(89年)的战役是一场决定性的战役,使匈奴离开了漠北高原,往西远遁。

班固与窦宪本有世交之谊,入窦宪幕府后,他主持笔墨之事,二人关系更为亲密。永元四年(92年),窦宪在政争中失败自杀,洛阳令与班固宿有积怨,借机罗织罪名,捕班固入狱。同年,班固死于狱中,时年61岁。

班固著史书未完成而卒,和帝命其妹班昭就东观藏书阁(东汉皇家图书馆)所存资料,续写班固之遗作。

《汉书》是继《史记》之后出现的又一部史传文学典范之作,通过叙述西汉盛世各类人物的事迹,全面地展现了西汉盛世的繁荣景象和时代精神风貌,在叙事、写人方面取得了重大成就。

影响

观孟坚《汉书》,实命世之奇作。

——西晋·傅玄

究西都之首末,穷刘氏之废兴,包举一代,撰成一书。言皆精炼,事甚该密。

——唐·刘知几

每相聚辄读前汉书数页,甚佳人胸中。久不用古人浇灌之,则尘俗生其间。照镜,则面目可憎;对人,则语言无味。

——宋·黄庭坚

班固西汉书,典雅详整,无愧马迁,后世有作,莫能及矣,固其良史之才乎。

——元·罗璧

古今文章擅奇响者六家,孟坚之文以整而奇。

——明·王维桢

史之良,首推迁、固;整齐一代之书,文赡事详,要非后世史官所能及。

——清·章学诚

杨素（544年—606年），字处道，弘农华阴（今属陕西）人，隋朝权臣、诗人、军事家。他出身北朝士族，北周时任车骑将军，曾参加平定北齐之役。杨坚称帝后，杨素为御史大夫，后以行军元帅身份率水军东下攻陈。杨广即位，拜杨素为司徒，改封楚国公。

出塞二首

其一

漠南胡未空，汉将复临戎。飞狐出塞北，碣石指辽东。
冠军临瀚海，长平翼大风。云横虎落阵，气抱龙城虹。
横行万里外，胡运百年穷。兵寝星芒落，战解月轮空。
严镶息夜斗，驿角罢鸣弓。北风嘶朔马，胡霜切塞鸿。
休明大道暨，幽荒日用同。方就长安邸，来谒建章宫。

简析

杨素作为隋朝的开国重臣，具有突出的军事才能，在与突厥的作战中发挥了突出作用。冠军，指冠军侯霍去病。这首诗描述了汉家出征匈奴的境况，有怀古之意。诗人对战争的情景从胡汉的运势上发出了自己的见解，用自己的战争经历和霍去病的战争经历做类比，表现了征战必胜的信心。

并且，这首诗不从小处着手，而是整体对战争的环境、状况进行描写，用"刁斗""鸣弓""朔马""胡霜"和"塞鸿"组成了令人如身临其境般的边塞战争氛围，凛冽肃杀，展现了隋朝边塞诗的风貌。

其二

汉虏未和亲，忧国不忧身。握手河梁上，穷涯北海滨。

据鞍独怀古,慷慨感良臣。历览多旧迹,风日惨愁人。
荒塞空千里,孤城绝四邻。树寒偏易古,草衰恒不春。
交河明月夜,阴山苦雾辰。雁飞南入汉,水流西咽秦。
风霜久行役,河朔备艰辛。薄暮边声起,空飞胡骑尘。

简析

杨素本非一般文人,但诗作亦颇可观,这两首出塞诗就是对他的作战生活的一种反映。前几句说的是汉家边塞还未安定,很多男儿为了家国奋不顾身。接着写诗人也因为征战来到边塞,看到周边荒凉的环境,想起很多优秀的臣子在这里建功立业。而且诗人由于经常打仗,已经不是第一次来这里,所以看到周边有很多熟悉的旧迹。这首诗对边塞环境和氛围的描写,令人有置身其中的感觉。《隋书》评价这组诗为"词气宏拔,风韵秀上",确实如此。

生平故事

大隋越国公杨素军政全能,智勇兼备,才干卓绝,是辅助隋文帝杨坚建立大隋帝国的重要元勋,亦是杨坚开创"开皇盛世"的得力辅弼。

突厥汗国在鼎盛时期地跨西域和大漠南北,与东罗马帝国夹攻波斯帝国,尽取中亚全土,威势为举世第一强国。

大隋立国后,杨素北征突厥,一

杨素画像 清人绘

改中原军队传袭千年的戎车鹿角阵战法,以骑阵对骑阵,轻勇先冲,大军奋进,击破突厥大汗亲率的十余万精骑,打得突厥达头大汗重创而遁,"杀伤不可胜计,群房号哭而去"。

杨素再征突厥,连胜败之。待突厥退兵时,杨素仅带数骑急行跟踪,轻蹈险地,等夜晚突厥军安营未定时,疾行而回,调度大军奇袭大破之,从此大漠之南无复房庭。

这场以杨素为代表的大隋反击突厥战争,也是隋朝真正的立国之战。大隋一次次接连不断出塞击垮对手,令突厥不得不屈意求和,称臣纳贡,标志着整个远东乃至亚洲霸权的易主,从此大隋帝国才成为亚洲乃至世界至强。

杨素治军亦深具个人特色,严军法、厚赏赐而喜征诛,因此总能保持极高士气,先以数百人赴敌陷阵,不能而还却者悉斩之,复进以数百人,期必陷阵而止,是以士皆必死,前无坚敌。

影响

处道当逸群绝伦,非常之器,非汝曹所逮也。

——北魏·杨宽

越国公素,志度恢宏,机鉴明远,怀佐时之略,包经国之才。王业初基,霸图肇建,策名委质,受脤出师,擒剪凶魁,克平虢、郑。频承庙算,扬旍江表,每禀戎律,长驱塞阴,南指而吴越肃清,北临而獯猃摧服。自居端揆,参赞机衡,当朝正色,直言无隐。论文则辞藻纵横,语武则权奇间出。

——隋·杨坚

昔者杨素之于隋,可谓一代之名将矣。……甚哉!弼之过于自负而轻于议人也。隋自平陈之后,素已为统帅矣。其克敌斩将,攻策为多。既俘陈主,而江湖海岱群盗蜂起,大者数万,小者数千,而素专阃外之权,转战万里,穷越岭海,无向不灭。已而突厥犯塞,宗室称兵,而社稷危矣。素之授钺专征,其所摧陷者不可胜计,遂靖边氛,而清内难。然素之兵未尝小衄,隋功臣无与比肩者,其为烈亦至矣。

——宋·何去非

军书立草,风角单情。隋祖见器,亲委戎兵。

陈人送疑,畏若神明。服勤韬略,实得其英。

——宋末元初·陈元靓

贺若弼(544年—607年),复姓贺若,字辅伯,河南洛阳人,隋朝著名将领。贺若弼出生在将门之家,其父贺若敦为北周将领,以武勇而闻名,任金州(今陕西省安康)刺史。贺若弼以伐陈有功,封上柱国,晋爵宋国公,官至右武候大将军。

遗源雄诗

交河骠骑幕,合浦伏波营。
勿使麒麟上,无我二人名。

简析

这首诗的写作背景为:杨坚刚刚当上皇帝,任命贺若弼为吴州总管,委他以平定陈国的重任。当时,吴州与寿州并为天下重镇,贺若弼致信寿州总管源雄并赠此诗。诗中用建功立业、彪炳史册的名将霍去病和马援(马伏波)为喻,与源雄互相鼓励,表达了其欲建立功业、名标麒麟阁的豪情,读之令人振奋。

生平故事

贺若弼,复姓贺若。"贺若"这个姓氏源自鲜卑贺若部,属于以部族名称作为姓氏。

581年,志在一统天下的杨坚称帝,向人查访能平定江南的人,宰相高颎便推荐道:"朝臣之内,文武才干,无若贺若弼者。"杨坚便封贺若弼为吴州总管,镇守江北要地广陵,让他整军经武,为灭陈做准备。

588年10月,声势浩大的灭陈战役拉开帷幕。东至大海,西到巴蜀,在数千里的战线上,隋朝集结了五十万大军,自长江上游至下游分八路攻陈。

贺若弼为行军总管，率军出广陵，集中在长江北岸。

因为贺若弼率领的这一路军队距离南陈首都建康最近，南陈在贺若弼的进攻路线上布置了层层防御，严阵以待。

贺若弼为了麻痹对方，暗中大量购买船只，却都隐蔽起来，只在江边放了几十艘小破船，让南陈军队认为他没有渡河的力量，放松了警惕。

同时，贺若弼命令沿江的部队加大换防密度，而且每次换防都大张旗鼓，营帐蔽野，声势浩大。对岸的南陈军队以为进攻即将开始，便调集全国军队加强戒备，如临大敌，结果发现只是换防而已，就把部队撤回。隋军屡次移动部队，这样一惊一乍的次数多了，南陈习以为常，不再戒备。

隋开皇九年（589年）正月初一，长江下游隋军趁南陈欢度春节之际，分路渡江。贺若弼率军提前发起进攻，出广陵南渡。陈军猝不及防，仓皇而逃。初六，贺若弼率军乘势攻占南徐州（今江苏省镇江市），擒其刺史黄恪，俘获敌众6000余人，均优待释放。贺若弼军军令严明，秋毫无犯，有军士拿民间一物者，立斩不赦。贺若弼军又进军蒋山的白土冈，经过苦战，先后击败陈将田瑞、鲁达、周智安、任蛮奴、樊毅、孔范、萧摩诃等，从北掖门入城。但此时西路军总管韩擒虎已率五百名骑兵于朱雀门先期入城，并俘获陈后主，占据了府库。

贺若弼因争功与韩擒虎不睦，后因言语不谨，触怒杨广被杀。后来有人慨叹曰：乃翁永诀语堪悲，果定江南副所期。守口未能终死舌，如何忘却刺锥时。

影响

朝臣之内,文武才干,无若贺若弼者。

——隋·高颎

克定三吴,公之功也。

——隋·杨坚

贺若弼慷慨,申必取之长策;韩擒奋发,贾余勇以争先。势甚疾雷,锋逾骇电。隋氏自此一戎,威加四海。稽诸天道,或时有废兴,考之人谋,实二臣之力。其倜傥英略,贺若居多,武毅威雄,韩擒称重。方于晋之王、杜,勋庸绰有余地。然贺若功成名立,矜伐不已,竟颠殒于非命,亦不密以失身。若念父临终之言,必不及于斯祸矣。韩擒累世将家,威声动俗,敌国既破,名遂身全,幸也。

——唐·魏征

李世民(598年—649年),祖籍陇西成纪(今甘肃省天水市),唐朝第二位皇帝。李世民少年从军,曾去雁门关营救隋炀帝。唐朝建立后,李世民官居尚书令、右武候大将军,受封为秦国公,后加封为秦王,先后率部平定了薛仁杲、刘武周、窦建德、王世充等军阀,为唐朝的建立与统一立下赫赫战功。

武德九年(626年),李世民发动玄武门之变。不久,唐高祖李渊被迫退位,李世民即位,改元贞观。李世民为帝之后,积极听取群臣的意见,以文治天下,并开疆拓土。他虚心纳谏,在国内厉行节约,并使百姓能够休养生息,终于使得社会出现了国泰民安的局面,开创了中国历史上著名的"贞观之治",为后来唐朝的繁盛奠定了基础。

经破薛举战地

昔年怀壮气,提戈初仗节。心随朗日高,志与秋霜洁。
移锋惊电起,转战长河决。营碎落星沉,阵卷横云裂。
一挥氛沴静,再举鲸鲵灭。于兹俯旧原,属目驻华轩。
沉沙无故迹,减灶有残痕。浪霞穿水净,峰雾抱莲昏。
世途亟流易,人事殊今昔。长想眺前踪,抚躬聊自适。

简析

这首诗是诗人路过曾经征战过的地方时的感慨之作。

诗人开篇就回忆了自己年少时心怀壮志、转战风云的历程。"移锋惊电起,转战长河决。营碎落星沉,阵卷横云裂。一挥氛沴静,再举鲸鲵灭",诗人用艺术的手法描述了自己风云变幻的战争生涯和辉煌的战果。

统一中原之后,李世民重经殊死决战,大破薛举之地,抚今追昔,俯视和远眺战场,大风吹沙早已掩埋了战场厮杀的痕迹,只留下了些许军灶的残痕,夕阳沉沉,彤霞烂烂,映照粼粼水波,远山沉浸在烟雾之中,起伏的峰峦隐在霞光中,而黄昏渐渐降临。

"世途亟流易,人事殊今昔。长想眺前踪,抚躬聊自适",这四句是李世民对世事、人事的感慨。前两句是他对世间"变数"的感慨,后两句是他对自己的感慨,感慨自己终于没有辜负济世安民的志向和责任。

隋朝末年,群雄并起,人人欲为天子,但没有几个人能拿得出取得天下的具体方略。当时,隋炀帝游荡在外,帝都长安空虚,先得长安者得天下。杨玄感起兵之时,李密就建议杨玄感趁着隋炀帝远征朝鲜的机会袭取长安,却被杨玄感否定。杨玄感被隋炀帝剿灭后,李密几经周折终于有了雄厚的实力,决定率军直取长安,却因种种意外被裹足在洛阳,并在洛阳一战中被王世充打败,丧失了夺取长安的机会。另外两个看中长安是最高战略价值地的就是李世民和薛举,李世民在太原谋划起兵之时就决定入关中、占长安、平天下,谋臣刘文静与他的看法不谋而合。

经过群雄逐鹿,如今天下终归一统,李世民站在浅水原的高处,望尽黄昏,晚风吹拂冠带,想到之前在这片战场上发生的事情,觉得自己终于对得起自少年时一直为之奋斗的理想了,不禁感到由衷的欣慰。

过旧宅(其一)

新丰停翠辇,谯邑驻鸣笳。园荒一径新,苔古半阶斜。
前池消旧水,昔树发今花。一朝辞此地,四海遂为家。

简析

本诗作于贞观六年（632年）李世民巡幸其出生地"武功别馆"时。

李世民于隋开皇十八年（698年）冬出生于"武功别馆"，18岁随父李渊起兵太原，南征北战，结束了群雄割据的局面，统一全国，建立了唐王朝。李世民即位后，于贞观六年（632年）重临武功旧宅，回顾往事，历历在目，抚今追昔，感慨颇深，创作了这组诗。

首联"新丰停翠辇，谯邑驻鸣笳"，不仅扣住题目——"过旧宅"，同时暗示帝王身份。"翠辇"和"鸣笳"，都是皇帝外出巡幸时的车马仪仗。新丰是汉时县名，刘邦称帝后，太公思归故里，刘邦仿老家丰地街巷另筑一城于关中，并迁故旧居之，以娱太公，后更名为新丰，在今陕西临潼东北。谯邑，为魏皇室本贯所在地，李渊早年仕隋时曾任谯州刺史。这里以"新丰""谯邑"借指武功旧宅，蕴含君王荣归故里之意。

中间两联描写旧宅眼前景，上句的"园荒"，表明旧宅被闲置，无人居住；"径新"透露出帝王旧宅平时有人守护整葺。"前池消旧水，昔树发今花"，园池里的流水不断流淌更新着，老树也不断发出新芽开出新花，宅园里始终一片欣欣向荣的景象。

尾联"一朝辞此地，四海遂为家"，为全诗升华之警句，气魄宏大，刚劲有力，充满豪迈的情怀，既总结了全诗，又点出了题旨，抒发了诗人凌驾四海之气，震撼八荒之才，历来被认为与汉高祖刘邦的《大风歌》"同其雄盼，自是帝王气象方伴"。

正日临朝

条风开献节,灰律动初阳。百蛮奉遐赆,万国朝未央。
虽无舜禹迹,幸欣天地康。车轨同八表,书文混四方。
赫奕俨冠盖,纷纶盛服章。羽旄飞驰道,钟鼓震岩廊。
组练辉霞色,霜戟耀朝光。晨宵怀至理,终愧抚遐荒。

简析

《正日临朝》,可以说是李世民对自己在正日这天上朝的记载,可谓工作记录。李世民在位期间,积极听取群臣的意见,对内以文治天下,虚心纳谏,厉行节约,劝课农桑,使百姓能够休养生息,国泰民安,开创了中国历史上著名的"贞观之治";对外开疆拓土,攻灭东突厥与薛延陀,征服高昌、龟兹、吐谷浑,重创高句丽,设立安西四镇,各民族融洽相处,他也被各族人民尊称为"天可汗",为后来唐朝一百多年的盛世奠定了基础。他的这些功绩的取得都来自于其每日"晨宵怀至理,终愧抚遐荒"的孜孜不倦、宵衣旰食和朝乾夕惕。李世民精力充沛又聪明谨慎,故而能开创出光耀万邦、流芳千载的大唐盛世。

生平故事

汉与唐为中国历史上最光荣灿烂之时期。唐太宗乘天下鼎沸,叱咤风云,荡平群寇,修齐庶政,南征北讨,收服四夷,威令所行,东综日本海,北逾西伯利亚,西被底格里斯河,南极印度及海洋洲,国势之盛,且超汉代而上之。

假如中国历史上没有李世民这样一位卓越的天才军事家和政治家,华夏民族究竟会演变到怎样的境地?综数百年华夷乱离黑暗之局,成大一统的民族复兴与新局面的开创,其版图西至葱岭以东,南至中南半岛,东临大海,北被大漠。而国计民生之康裕,学术艺事之发达,典章制度之昭明,思想文化之融汇与创导,使倭人贩其余绪以立国,欧西各国向往而慕化。其气魄之大、业绩之伟,无可媲美。推崇功业,数典不忘,我们岂能忘掉李世民!

对后世的中国文人来说,唐太宗代表了一个文治武功理想地结合起来的盛

唐太宗李世民画像

世:国家由一个精力充沛且聪明而谨慎的皇帝治理,他牢固地掌握着他的帝国,同时又一贯谦虚耐心地听取群臣谏言,这些大臣自身也都是卓越的人物。唐太宗的施政作风之所以被人推崇,不仅由于他的成就,而且他的施政接近儒家的纳谏爱民为治国之本这一理想,另外还表现了君臣之间水乳交融的关系。

"李世民是中国最杰出的英明君主之一,他用他高度的智慧,殷勤而小心地治理他的帝国,不久就为中国开创了一百三十年之久的第二个黄金时代。"自盘古开天辟地,李世民是中国帝王中第一个被中国人真心称颂崇拜的人物,这固然是由于他的勋业,也是因为他本身的美德。他治理国家的一言一行,成为之

后所有帝王的规范。

影响

盛哉,太宗之烈也!其除隋之乱,比迹汤、武;致治之美,庶几成、康。

——宋·欧阳修

惟唐太宗皇帝英姿盖世,武定四方,贞观之治,式昭文德。有君天下之德而安万世之功者也。

——明·朱元璋

昔唐太宗拨乱反正,贞观盛世,自古罕论,求其故,尽忠于国,虽仇必赏,心怀异谋,虽亲必诛。

——明·朱棣

三代以后,治功莫盛于唐,而唐三百年间,莫若贞观之盛。太宗在唐为一代英明之君,其济世康民,伟有成烈,卓乎不可及已。所可惜者,正心修身,有愧于二帝三王之道,而治未纯也。

——明·朱见深

三代以下英雄之主独称汉高祖、光武、唐太宗,然而高祖起义之年六八,光武兴复之岁三九,皆生长民间周历世故,未有出于纨绔裙屐之中,发于孩提韶之始,而具凌驾四海之气,抱震撼八荒之才,如太宗者也。太宗自秦王以上比迹汤武,自登极以后庶几成康,腐儒辈犹以尺寸瑕瑜之何异虾度神龙乎?

——明·张大龄

朕观古来帝王,如唐虞之都俞吁咈、唐太宗之听言纳谏,君臣上下,如家人父子,情谊浃洽,故能陈善闭邪,各尽所怀,登于至治。

——清·康熙

由于唐太宗的丰功伟绩,一个不可预知的中国,一个英雄史诗的中国,并改写了几千年来一直延续着的文明史。

——法·勒内·格鲁塞

郭震(656年—713年),字元振,魏州贵乡(今河北省邯郸市大名县)人,唐朝名将、宰相。郭震进士出身,授通泉县尉,后得到武则天的赏识,被任命为右武卫铠曹参军。唐睿宗继位后,郭震历任太仆卿、吏部尚书、兵部尚书、同中书门下三品。713年,郭震再次拜相,并辅助唐玄宗诛杀太平公主,兼任御史大夫,封代国公。

古剑篇

君不见昆吾铁冶飞炎烟,红光紫气俱赫然。良工锻炼凡几年,铸得宝剑名龙泉。龙泉颜色如霜雪,良工咨嗟叹奇绝。琉璃玉匣吐莲花,错镂金环映明月。正逢天下无风尘,幸得周防君子身。精光黯黯青蛇色,文章片片绿龟鳞。非直结交游侠子,亦曾亲近英雄人。何言中路遭弃捐,零落漂沦古狱边。虽复尘埋无所用,犹能夜夜气冲天。

简析

这是一首咏物言志诗,相传是郭震受武则天召见时写的,"则天览而佳之,令写数十本,遍赐学士李峤、阎朝隐等"(张说《郭公行状》)。从此,这首诗广传于世。

"古剑"是指古代著名的龙泉宝剑,据传是吴国干将和越国欧冶子二人用昆吾所产精矿冶炼多年而铸成,备受时人赞赏。但后来龙泉宝剑沦落埋没在丰城的一个古牢狱的废墟下,直到晋朝张华夜观天象,发现在斗宿、牛宿之间有紫气上冲于天,后经雷焕判断是"宝剑之精上彻于天",这才重新被发掘出来。这首诗就是化用上述传说,借歌咏龙泉剑以寄托自己的理想和抱负,抒发怀才不遇的感慨。诗人用古代造就的宝剑比喻当时埋没的人才,贴切而易晓。

从托物言志看,诗的开头借干将铸剑的故事以表现人才优秀,陶冶不凡;其次赞美宝剑的形制和品格,以自显其一表人才,风华并茂;再次称道宝剑在太平年代虽乏用武之地,也曾为君子佩用,助英雄行侠,以显示自己操守端正,行为侠义;最后用宝剑沦落的故事,自信终究不会埋没。这诗是借咏剑以发议论,因而求鲜明,任奔放,不受拘束,豪气充溢。

野井

纵无汲引味清澄,冷浸寒空月一轮。
凿处若教当要路,为君常济往来人。

简析

　　本诗是一首托物言志诗。前两句是作者对自己高洁品格的自喻,第三句的意思是如果能够得到君王的器重,放在济世安民的位置,实现自己的抱负,可为君上兼济天下。

生平故事

　　郭震16岁时在太学读书,家中给他送来四十万钱。这时,有一个穿着丧服的人到他门前请求救济,并称:"我祖宗五代未曾安葬,希望您能接济我,让我能够办理丧事。"郭震听后,也不问他姓名,就把家中寄来的钱全部给了他,没有丝毫吝惜之色。

　　咸亨四年(673年),年仅18岁的郭震考中进士,被任命为通泉县(今四川射洪)县尉。在任内,郭震常做些违法之事,武则天得知后,将郭震召入京城,准备将他治罪,却在与之交谈之后发现他才华横溢,便索要他的文章。郭震便把自己所做的《宝剑篇》呈上,武则天大加赞赏,让学士李峤等人进行传阅,并任命他为右武卫铠曹参军,后又晋封为奉宸监丞。

万岁通天元年(696年),吐蕃请和,武则天命郭震出使吐蕃。郭震上奏道:"吐蕃百姓为徭役和兵役所苦,早就愿意与我们和好,只有论钦陵贪图统兵专制的私利,不想归附。如果我们每年都派去表示和好的使者,而论钦陵常不从命,则吐蕃百姓对论钦陵的怨恨就会日益加深,盼望得到国家恩惠的想法就会日甚一日,论钦陵要想大规模发动他的百姓,肯定就困难了。这也是逐渐离间的办法,可以使他们上下猜疑,祸乱从内部产生。"武则天深表赞同。

郭震画像

后来,吐蕃君臣果然相互猜忌。圣历二年(699年),吐蕃内乱,论钦陵被诛杀,其弟赞婆率部降唐,吐蕃和大唐之间进入了相当长的一段和平时期。

长安元年(701年),在武则天执政的晚期,郭震升任凉州都督。当时,凉州南北不过四百多里,突厥、吐蕃常来侵扰。郭震在重要位置筑城屯兵,控制了凉州的交通要道,占领一处,稳固一处,消化一处,步步为营,逐步把凉州的边界扩大了一千五百里之多,以前经常来袭扰的突厥人、吐蕃人再也无法到州城侵扰。同时,郭震在凉州地区大力推行屯田,不再需要中央政府的支援,积存的军粮可供数十年之用。郭震在凉州任职的五年中,老百姓过上了太平的好日子。

神龙二年(706年),郭震改任左骁卫将军、检校安西大都护。后来,突骑施首领乌质勒部落强盛,表示愿意与唐朝通和,郭震便到突骑施牙帐商议军事事宜。正逢天降大雪,郭震一丝不苟,纹丝不动地站着把整个仪式进行完毕,到后来连裸露在外的皮肤都被凛冽的寒风吹出了口子。大雪愈积愈厚,郭震足不移地,而乌质勒因年老体弱,不耐严寒,会谈结束后竟被冻死了。

乌质勒的儿子娑葛起先认为这是郭震的阴谋,打算兴兵报仇,但郭震轻装简从前往吊唁,用诚意平息了娑葛的愤怒,乌质勒部落顺利归附唐朝。

郭震守边多年,无显赫武功,以建设、安抚见长,故能"克致隆平""安远定边"。他以诚信对待边疆少数民族,因而深得他们的爱戴,能化干戈为玉帛,不战而屈突厥、吐蕃之兵,这就是所谓的"善战者之胜也,无智名,无勇功"。此等边将,对于维持边疆稳定、维护国家统一,具有重要作用。

影响

元振正直齐于宋璟,政理逾于姚崇,其英谋宏亮过之矣。

——唐·李旦

兵部尚书同中书门下三品郭元振,伟材生代,宏量镇时。经纶文章,今之王佐;出入将相,古之人杰。

——唐·李隆基

公少负气纵横,遣意磊落。作尉巴蜀,不修名检,及登朝受任,屡使遐方,霜明烈心,玉立贞节。言行忠正,居取俭约,饬体杂于皇王,致君期于尧舜。公务之暇,手不释卷,虽子弟家人,未尝见其喜怒。前后上事切谏得失十数道,俱焚其藁草,不以语人,故朝廷莫知也。

——唐·张说

元振虽少雄迈,及贵,居处乃俭约,手不置书,人莫见其喜愠。建宅宣阳里,未尝一至诸院厩。自朝还,对亲欣欣,退就室,俨如也。

元振功显节完,一跌未复,世恨其蚤殁云。

——北宋·欧阳修

郭子仪(697年—781年),华州郑县(今陕西华县)人,唐代政治家、军事家。安史之乱时,郭子仪任朔方节度使,率军勤王,收复河北、河东,拜兵部尚书、同中书门下平章事。757年,郭子仪与广平王李俶收复西京长安、东都洛阳,以功加司徒,封代国公。763年,仆固怀恩勾结吐蕃、回纥入侵,长安失陷。郭子仪任关内副元帅,再次收复长安。765年,吐蕃、回纥再度联兵入侵,郭子仪在泾阳单骑说退回纥,并击溃吐蕃,稳住关中。

郊庙歌辞·享太庙乐章·保大舞

于穆文考,圣神昭章。箫勺群慝,含光远方。
万物茂遂,九夷宾王。愔愔云韶,德音不忘。

郊庙歌辞·享太庙乐章·广运舞

於赫皇祖,昭明有融。惟文之德,惟武之功。
河海静谧,车书混同。虔恭孝飨,穆穆玄风。

简析

郊庙歌辞的功能类似于风雅颂中的颂,主要为祭祀天地、社稷、日月、先圣先师和封禅时所唱的颂歌。

生平故事

唐代汾阳王郭子仪是一代名将,但他并非少年得志,而是大器晚成。

郭子仪生于697年,武举出身,早年积功至九原太守,但安史之乱爆发之前一直未受重用。

755年,即唐玄宗天宝十四年,安禄山叛乱,率领20万大军杀奔中原。紧急关头,唐玄宗提拔郭子仪为朔方节度使——这是郭子仪第一次被重用,此时郭子仪已经58岁了。

被任命为朔方节度使后,郭子仪率兵东讨安禄山叛军。不久,郭子仪收复静边军,斩杀叛将周万顷,又在河曲击败叛将高秀岩,收复云中、马邑,开通东陉关,因功加封御史大夫。此后,虽几经周折,但郭子仪作为平叛主力,与安禄山和史思明叛军进行了多次战斗,最终平定了安史之乱。郭子仪因功加封司徒、代国公。郭子仪入朝之时,肃宗命人在灞上迎接,并对郭子仪说:国家再造,是你的功劳啊。

郭子仪画像

都说人红是非多,郭子仪权倾天下却不遭人忌;都说功高震主,他居功至伟而主不疑。郭子仪先后侍奉过唐玄宗、唐肃宗、唐代宗、唐德宗四位皇帝,四位皇帝未必对郭子仪全然信任,要不然郭子仪也不至于一次又一次被解除兵权。但郭子仪从不矜功自伐,失势之后不抱怨,被诬陷也不辩解,从不计较个人得失,任劳任怨,处处以朝廷利益为重。当朝廷解除他的兵权的时候,他就安心在家赋闲;当朝廷需要他领兵御敌之时,他也毫不犹豫地奔赴前线。《旧唐书·列传第七十》记载:"时方握重兵,或方临戎敌,诏命征之,未尝不即日应召,故谗谤不能行。"

大历十四年(779年),郭子仪被尊为"尚父",进位太尉、中书令。建中二年(781年),郭子仪去世,追赠太师,谥号忠武。

郭子仪戎马一生,屡建奇功,大唐因有他而获得安宁达20多年。

影响

子仪帅彼劲卒,赫然先驱,取京洛如拾遗,翦凶残犹振槁,功存社稷,泽润生人。……忠于国而孝于家,威可畏而仪可象。盛德载物,宽仁厚下,用人由己,从善如流。

——唐·颜真卿

唐李靖、郭子仪,皆出儒生,立大功。

——北宋·赵匡胤

远柱元勋建太平,军容命具上瑶京。
望春楼上君先侍,长乐司前众远迎。
拒房谨施三妙略,安邦唯尽一忠诚。
国家再造唯卿力,图像凌烟盖宠荣。

——北宋·赵普

令公名望冠萧何,菖毫储勋汝更多。
心服蛮夷都将相,身扶国祚宰山河。
钧衡屡秉分轻重,鼎鼐端居召致和。
国像凌烟为第一,名镌金石永难磨。

——北宋·范仲淹

子仪事上诚,御下恕,赏罚必信。遭幸臣程元振、鱼朝恩短毁,方时多虞,握兵处外,然诏至,即日就道,无纤介顾望,故谗间不行。……麾下宿将数十,皆王侯贵重,子仪颐指进退,若部曲然。幕府六十余人,后皆为将相显官,其取士得才类如此。与李光弼齐名,而宽厚得人过之。

——北宋·欧阳修

翼翼汾阳,子仪始王。德完道粹,功盖于唐。宜享世泽,流如海长。

——北宋·王安石

国家唯赖老汾阳,盖世勋名树远疆。
将吏智谋遵德化,官僚听命肃朝纲。
虏人罗拜齐称父,黎庶闻过总称王。
铁券图形传宦谱,儿孙世世宠恩光。

——北宋·周敦颐

非韩信则冒顿不逞,非石敬瑭则邪律氏不横。求如郭子仪与吐蕃、回纥有香火缘而无二心者,今古无两人。

——明末清初·王夫之

高适(704年—765年),字达夫、仲武,景县(今河北省衡水)人,少孤贫,爱交游,有游侠之风,并以建功立业自期。高适20岁西游长安,功名未就而返。天宝八年(749年),经睢阳太守张九皋推荐,高适50岁应举中第,授封丘尉,后入陇右、河西节度使哥舒翰幕府,为掌书记。安史之乱后,高适曾任淮南节度使、彭州刺史、蜀州刺史、剑南节度使等职,官至左散骑常侍,封渤海县侯,世称"高常侍"。

燕歌行

开元二十六年,客有从御史大夫张公①出塞而还者,作《燕歌行》以示适,感征戍之事,因而和焉。

汉家烟尘在东北,汉将辞家破残贼。男儿本自重横行,天子非常赐颜色。摐金伐鼓下榆关,旌旆逶迤碣石间。校尉羽书飞瀚海,单于猎火照狼山。山川萧条极边土,胡骑凭陵杂风雨②。战士军前半死生,美人帐下犹歌舞。大漠穷秋塞草腓③,孤城落日斗兵稀。身当恩遇恒轻敌,力尽关山未解围。铁衣远戍辛勤久,玉箸应啼别离后。少妇城南欲断肠,征人蓟北空回首。边庭飘飖那可度,绝域苍茫更何有。杀气三时④作阵云,寒声一夜传

---

①张公,指幽州节度使张守珪,曾拜辅国大将军、右羽林大将军,兼御史大夫。
②凭陵:仗势侵凌。杂风雨:形容敌人来势凶猛,如风雨交加。一说,敌人乘风雨交加时冲过来。
③腓(一作衰):指枯萎。
④三时:指晨、午、晚,即从早到夜,说明历时很久。三,不表确数。

刁斗⑤。相看白刃血纷纷,死节从来岂顾勋。君不见沙场征战苦,至今犹忆李将军。

简析

《燕歌行》是高适的代表作。首段八句写出师,其中前四句讲战尘起于东北,将军奉命征讨,天子特赐光彩;后四句接写出征阵容,旌旗如云,鼓角齐鸣,一路浩浩荡荡开赴战地。第二段八句写战斗经过,其中前四句写战初敌人来势凶猛,我军伤亡惨重,后四句说兵少力竭,不得解围。"山川萧条极边土",说明战场地形是无险可凭的开阔地带,这正有利于胡骑驰突,故接写敌军如暴风骤雨般袭来。"战士"两句用对比方法写出了主将骄惰轻敌,不恤士卒,一面是拼死苦战,一面仍恣意逸乐,这是诗中最有揭露性的描写。大漠衰草、落日孤城的萧瑟景象,为"斗兵稀"作衬托,同时写战斗一直持续到傍晚。"身当恩遇常轻敌",正面点出损兵被围的原因,是诗的主旨。第三段八句写征人、思妇两地相望,重会无期。末段四句,前两句写战士在生还无望的处境下,已决心以身殉国。诗人对战士的悲惨命运深表同情,诗以"至今犹忆李将军"作结,再次点明主题。盛唐时,殷璠评高适曰:"其诗多胸臆语,兼有气骨。"此诗确实可以作为代表。

《燕歌行》不仅是高适的"第一大篇"(近人赵熙评语),而且是整个唐代边塞诗中的杰作,千古传诵,绝非偶然。

---

⑤刁斗:军中夜里巡更敲击报时和煮饭时所用的两用铜器。

生平故事

高适出生于官宦之家,父亲高崇文曾任韶州长史,但在高适出生时,家境逐渐衰败。

开元十八年(730年),契丹背叛唐朝,唐玄宗下诏征讨。高适怀着强烈的入幕从戎的愿望干谒当时负责蓟北驻防的信安王李祎,可惜李祎没有接纳他。

高适画像

天宝十一年(752年),时任陇右节度使的唐朝名将哥舒翰看中了高适,邀请他加入自己的幕府。从此,高适投身军旅,雄心勃发。

天宝十四年(755年),安史之乱爆发,唐玄宗下诏哥舒翰讨伐叛军,同时命高适辅佐哥舒翰镇守潼关。哥舒翰制定的军事策略是避敌锋芒、坚守潼关,然而宰相杨国忠却一直怂恿唐玄宗下诏命哥舒翰出关迎敌。哥舒翰被逼无奈,"恸哭出关",最终兵败被俘。

潼关失守后,唐玄宗被迫出走四川。危难之时,身在乱军中的高适没有被功名利禄所引诱,他冒死抄小路星夜兼程,追上了唐玄宗。此时,大臣们对哥舒翰是一片谩骂,高适却站出来替哥舒翰辩驳说:"哥舒翰一生忠义,因为生病使他不能明断,才导致失败。监军李大宜不关心军务大事,每天以歌舞娱乐。士兵每天吃粗糙的饭食,尚且不能吃饱,要求这样的军队去拼死作战,自然会导致失败。"玄宗同意他的说法,并擢升他为谏议大夫。

为尽快平息安史之乱,有人建议唐玄宗分封诸王到各地,授予军事权力。这事遭到了高适的激烈反对,他说:"诸王分镇各地,很容易出现割据的局面,只能导致更大的混乱。"唐玄宗不听,结果高适的担忧很快就变成了现实。

天宝十五年(756年),镇守江陵的永王李璘叛乱,图谋割据东南。当时唐玄宗已退位,唐肃宗李亨听说了高适的谏言,便召他谋划如何处理这个局面。高适冷静地分析了江东的形势,结论是永王必败,他的话让唐肃宗吃了一颗定心丸。于是唐肃宗让他兼任御史大夫、扬州大都督府长史、淮南节度使,主持平定江淮叛乱。事实证明了高适的预见,面对朝廷的讨伐,永王很快就土崩瓦解,兵败被杀。平定永王叛乱后,高适又受命参与讨伐安史叛军,受到唐肃宗的重用。

乾元二年(759年),蜀中大乱,已至花甲之年的高适率部平定了叛乱,稳定了四川的局势。广德元年(763年),高适出任剑南节度使。当时,吐蕃趁唐王朝刚刚平定安史之乱,局势未稳,乘机起兵犯境。高适率兵顽强抵抗,终因实力不济,陷落了三个州。朝廷很客观地看待这件事,没有追究他的失利责任。第二年,高适奉诏回朝,进封渤海县侯。永泰元年(765年),高适病逝。他的诗作,集成《高常侍集》,流传于世。

影响

评事性拓落,不拘小节,耻预常科,隐迹博徒,才名自远。然诗多胸臆语,兼有气骨,故朝野通赏其文。至如《燕歌行》等篇,甚有奇句。且余所最深爱者:"未知肝胆向谁是?令人却忆平原君。"

——《河岳英灵集》

常侍朔气纵横,壮心落落,抱瑜握瑾,浮沉闾巷之间,殆侠徒也。故其为诗,直举胸臆,模画景象,气骨琅然,而词锋华润,感赏之情,殆出常表。视诸苏卿之悲愤,陆平原之惆怅,辞节虽离,而音调不促,无以过之矣。夫诗本人情,囿风气,河洛之间,其气浑然远矣,其殆庶乎!

——《唐诗品》

张巡(708年—757年),唐朝蒲州河东(今山西永济)人。至德二年(757年),安庆绪派部将尹子奇率十三万贼寇南侵江淮屏障——睢阳(今河南商丘睢阳区),张巡和许远等数千人在内无粮草、外无援兵的情况下死守睢阳,杀伤敌军数万,最终战死。

守睢阳作

接战春来苦,孤城日渐危。合围侔月晕,分守若鱼丽。
屡厌黄尘起,时将白羽挥。裹疮犹出阵,饮血更登陴。
忠信应难敌,坚贞谅不移。无人报天子,心计欲何施。

简析

唐玄宗天宝十四年(755年),安禄山自范阳起兵反唐,安史之乱爆发。由于当时朝廷长期腐败,武备废弛,唐王朝的官军在叛军猛烈的攻势下几乎是一触即溃,甚至望风而逃。在这种情势下,唐肃宗至德二年(757年)春,戍守睢阳的将领张巡及其所部将士,坚守孤城,与敌人浴血奋战十个月,有效地阻止了叛军南下,极大地牵制了敌人,保卫了江淮地区,建立了惊天地、泣鬼神的伟业。

本诗记录了张巡等人领导睢阳保卫战异常艰苦的过程,表达了将士们坚韧不拔、誓死抗击叛军的坚定决心,是作者在睢阳危急时以鲜血和生命凝成的杰作。全诗形象鲜明传神,语言简洁生动,风格慷慨壮烈,充盈着英雄之气。

开头二句"接战春来苦,孤城日渐危",落笔点题,写出了睢阳保卫战时日已久和所面临的危机。

战斗从春天开始,一个"苦"字包含了爱国将士艰苦卓绝的经历;"孤城"二字,写出了睢阳孤立无援的处境;"日渐"二字,写出了睢阳危机的步步逼近;一个"危"字,惊心动魄。

"合围俟月晕,分守若鱼丽"二句,说明敌我双方攻守的阵势。敌人的包围圈步步缩小,如同"月晕"之箍月一般,水泄不通,这就愈显出上文中的"孤城"之孤。而唐军在城墙上如同平地对垒的鱼丽阵容一样严整,表达了战士们同仇敌忾的战斗韧性,也说明了诗人作为统帅临危不惧,治军有方。

"屡厌黄尘起,时将白羽挥",承接上文,写诗人对叛军的刻骨仇恨和指挥战斗时的从容自若。"裹疮犹出阵,饮血更登陴"二句,主要是为唐军广大将士雕像。"疮"字表示伤口绝非新创,表明战事的艰苦卓绝,旧创未好又添新伤;"裹"字表明了将士不顾伤痛,带伤苦战;一个"犹"字,体现了将士奋战到底的坚强毅力。

"忠信应难敌,坚贞谅不移",据《通鉴·唐纪三十五》记载,至德二年(757年)七月,"诸军馈救不至,士卒消耗至一千六百人,皆饥病不堪斗,遂为贼所围,张巡乃修守具以拒之。"《通鉴·唐纪三十六》记载,同年冬十月,"城中食尽,议弃城东走。张巡、许远谋,以为睢阳江淮之保障,若弃之去,贼必乘胜长驱,是无江淮也。"为了保卫睢阳,守城兵士把可以吃的东西都吃光了,最后被迫罗雀、掘鼠、杀马,"人知必死,莫有叛者"。此一段记载应为这两句诗最好的诠释。"无人报天子,心计欲何施",是诗人在孤城将陷、人将殉国之际,于绝境中的感叹之辞,读之令人扼腕叹息,怆然泣下。

闻笛

岩峣试一临,虏骑附城阴。不辨风尘色,安知天地心?
门开边月近,战苦阵云深。旦夕更楼上,遥闻横笛音。

简析

张巡于天宝中任真源县令,安禄山叛乱时,起兵戡乱,先守雍丘,后与许远共守睢阳(故城在今河南省商丘市南)。他们在异常艰难的情况下,亲率将士浴血奋战。这首诗即张巡在围城中耳听笛音、心怀感慨所写成的。

诗的大意为:我试着登临高峻的城楼,只见安禄山叛军紧紧包围着睢阳城。战争使得地上的烟尘和天上的云色浑然一体,天地莫辨。边塞的月亮那么近,好像城门一开就在眼前,艰苦的杀伐气氛像乌云弥漫在阵地周围。诗人以白描手法描述了睢阳守卫战的战略重任和战斗的艰苦。"阵云",阵地上由于激烈战斗伤亡惨重,使人感到大自然的云气也异常紧张。事实正是如此,当时叛军在攻陷东都洛阳后,正挥戈直捣唐王朝京城长安。同时,安禄山、安庆绪先后派大将尹子奇率军十多万连续围攻江淮地区,企图控制唐王朝经济供应的后方。

睢阳是唐王朝江淮庸调的重要通道,睢阳若失,安禄山就切断了唐王朝的命脉。所以,张巡等在睢阳迎头痛击尹子奇,牵制叛军主力,对挫败敌人阴谋、维护江淮安全、保卫唐王朝的实力都有十分重大的意义。也唯其如此,双方在睢阳的战斗十分惨烈。张巡在《谢金吾表》上曾说:"臣被围四十七日,凡一千八百余战。当臣效命之时,是贼灭亡之日。"正与此诗互为印证。据《资治通鉴》记载,睢阳被围日久,士兵不及千人,"皆饥病不堪斗",而且"城中食尽",最后杀马、罗雀、掘鼠而食,但"人知必死,莫有叛者"。诗人在另一诗中亦写道:"裹疮犹出阵,饮血更登陴。"其艰苦卓绝精神为历史所罕见。

尾联也紧扣战场场面,诗人与众将士一起日夜浴血奋战,遥遥听到战场上传来的横笛之音。

《旧唐书》说张巡"兄弟皆以文行知名",张巡是唐代诗坛上为数不多的文才与武功兼长并美的诗人之一,《全唐诗》虽仅存其诗二首,却都很有价值,即如本诗,既是悲剧时代历史风貌的艺术展现,又是诗人不朽人格的光辉写照。唐代韩愈、宋代著名民族英雄文天祥都对张巡有过诚挚的赞颂。

生平故事

757年10月一个悲伤的夜晚,月光满面泪痕,沉默地流淌在满是战火硝烟的土地上,黑压压的叛军似蝗虫般扑向睢阳的城头,满地是横七竖八的尸首、断裂的战旗、毁弃的战车。及至接近城头,杀声震天的队列却疑惑地放慢了脚步,这个使他们付出惨重代价的小城,此时死一般的沉寂,隐约立起几个面有菜色的守军身影,吃力地拉开弓弦,摇晃了几下又倒了下去。已被这座

张巡画像

钢铁城市折磨得几近疯狂的叛军主将尹子奇,此刻终于轻轻地

舒了一口气：三百天的围城战结束了，睢阳破了。

是的，睢阳城破了，仿佛一个孤军奋战的勇士，终于气力不支，发出一声虎吼般的嚎叫后，悲壮地倒下了。

睢阳的战略地位太重要了：南接江南平原，若失，则富庶的江南半壁难保。兵家必争，玉石俱焚，这是睢阳的命。

可这一次，睢阳原本可以逃命。安史之乱，叛乱烧遍江北。盛唐的灿烂文明仿佛脆弱的鸡蛋被打碎，皇上跑了，军队败了，位居高位的大人物都降了，睢阳太守许远却说：我不降。睢阳之战的指挥者张巡也可以逃命，他是真源的县令，安史乱起，他先守雍丘，抗住了数万叛军的进攻。睢阳告急，许远派人求救，尊享高官厚禄、手握重兵的节度使都不管，张巡带着三千人奔了睢阳。书生出身的许远高兴了：睢阳交给你了。张巡却一脸平静，他知道，这不是官位，是责任。

和张巡一起来的，还有猛将南霁云，他不是张巡的部将，听说张巡去睢阳，二话不说就跟来了。那一天，十三万安史叛军压城，睢阳躲不过这个命了，或者说，根本没想躲。

能跑的不跑，能降的不降，与己无关还来掺和，这比战争本身更让现代人瞠目结舌：睢阳，你图什么？

不管睢阳图什么，敌军大将尹子奇正踌躇满志，打下了睢阳也就踢开了拱卫江南的门户，繁华的江南平原将尽收囊中。那里有繁华的城市，有让人陶醉的财富与美女，那里的一切令这群穷凶极恶的匪徒们流口水。更重要的是，夺取了富饶的江南大地，就等于断了唐王朝的命根，似乎大局已定。

睢阳却告诉尹子奇：你做梦。

这座铁铸的坚城，似一根柔软却坚韧的绳索，套在安史叛军的脖子上,肆虐的马蹄将在这里止步,蔓延的兵灾将在这里停止,安史叛军的覆灭,将从此刻开始。

惨烈的攻城战自正月打响,以边境蛮族雇佣军为班底的安史叛军张开了恐怖的血盆大口,恶狠狠地咬向柔弱的小城,却一次又一次地被崩掉了门牙。突厥兵、契丹兵、骑兵、步兵、战车兵,红着眼睛往城头上冲,不是被密集的箭雨打了回来,就是被勇敢的守军擒杀,叛军寸步难行,被生擒的将校就有80多人。攻!夜以继日地攻,前仆后继地攻,几十万大军轮番上阵打车轮战,睢阳依旧岿然不动。尹子奇的眼睛充了血:睢阳这是怎么了?

缩在城里不出头也就算了,睢阳人居然敢以劣势的兵力出城反攻!在被围城三个月后,张巡亲自率领敢死队两次出城奇袭。大将南霁云一马当先,率领守军冲击叛军大营。在这些衣衫褴褛的睢阳守军冲击下,身经百战的安史叛军居然全线崩溃。南霁云弯弓射箭,直奔叛军主将尹子奇而去,这下尹子奇的眼睛也用不着充血了,它被射掉了。

经过这次大败,叛军退兵数十里,睢阳的警报却并未解除,得到补充的叛军再次重兵合围睢阳。有了前次的教训,尹子奇领教了张巡的厉害,他拿出了最后一招——困。

重兵合围,断绝外援,打不死你,拖也把你拖死。尹子奇喷火的独眼里只有这座钢铁般的坚城。睢阳的粮食吃光了,城里的麻雀、老鼠、树皮、纸张,一切可以吃的东西都吃光了,城池的能量在时间流逝中被一点一点地消耗。叛军再次发动了进攻,张巡亲自立在城头与饥饿的士兵们一起战斗,不可思议的事情发生了:叛军攻击失败,居然还有200多名叛军临阵倒戈,投向了睢阳守军。尹子奇怒了:这个张巡真是个疯子,他不但自己疯,还会带着别人一起疯。

张巡不疯,他不想做无谓的牺牲,他先后派了几路人马向外求救,南霁云突破层层围困,终于找到了贺兰进明的部队。谁想那是个草包,不管南霁云如何流泪哀求,贺兰进明始终不为所动,甚至还想借机挖墙脚,将南霁云留在自己身边。悲愤之下,南霁云剁下一根手指后离开。他知道,睢阳的命无法挽救,本可置身事外的他,却招募了几千援兵赶回去,与一起战斗的弟兄们共存亡。再次冲破封锁线的南霁云将求救失败的消息带回了城内,那一天全城都哭了,可擦干眼泪,依旧挺戈持矛,用灼灼的目光告诉对面的敌人:宁死不降!

就这样,睢阳坚持到了十月,城中的老幼妇孺全部死光,仅留四百多名残兵,一个悲壮的深秋,叛军终于攻破了城池。睢阳,以一座弹丸小城与全城的老弱,将强悍的安史精锐军团阻击十个月之久,他们没有什么可惭愧的,每个人,无论是生是死,都是英雄。这难道仅仅是某些人所批判的"愚忠"吗?

安史之乱是什么?不是简单的封建王朝权位争斗,而是一场彻头彻尾的文明破坏,安、史的叛军是一群彻底的破坏者,所到之处,寸草不生,唐王朝的繁华不复存在,若无睢阳的挺身而出,富庶的江南势必要遭受相同的浩劫,这就是睢阳所做的牺牲,非为李唐一家王朝,而是为中华文明的延续与复苏。城破后,张巡和南霁云被尹子奇以残酷的剐刑杀害,至死不屈。许远被押送到洛阳,也被杀害。

睢阳失陷十三天后,唐王朝的增援大军终于赶来,他们打退了叛军,收复了这座伤痕累累的城市。睢阳之战,成了安史之乱的重要转折点,唐朝保住了如生命线一般的江南地区,留下了收复河山的资本。睢阳,因为它沉重的牺牲与贡献,即使到一千三百年后的今天,依然有理由成为一块见证中华民族传统美德的丰碑。所有的人,所有的那些生命,都应被我们好好纪念。

一千三百年前的河南大地上,有一座小城在顽强战斗,那里的人们以一种坚强的信念抗争到生命的最后一息,然后目光灼灼地离去,透过他们沉重的背影,活下去的人们惊讶地发现,历史因为他们的牺牲在悄悄地改变。

影响

守一城,捍天下,以千百就尽之卒,战百万日滋之师,蔽遮江淮,沮遏其势,天下之不亡,其谁之功也?当是时,弃城而图存者,不可二数;擅强兵坐而观者,相环也。不追议此,而责二公以死守,亦见其自比于逆乱,设淫辞而助之攻也。

——唐·韩愈

兽解触邪,草能指佞。烈士徇义,见危致命。国有忠臣,亡而复存。何以丧邦?奸邪受恩。

——《旧唐书》

张巡、许远,可谓烈丈夫矣。以疲卒数万,婴孤墉,抗方张不制之虏,鲠其喉牙,使不得搏食东南,牵掣首尾,磨溃梁、宋间。大小数百战,虽力尽乃死,而唐全得江、淮财用,以济中兴,引利偿害,以百易万可矣。巡先死不为遽,远后死不国屈。巡死三日而救至,十日而贼亡,天以完节付二人,畀名无穷,不待留生而后显也。惟宋三叶,章圣皇帝东巡,过其庙,留驾裴回,咨巡等雄挺,尽节异代,著金石刻,赞明厥忠。与夷、齐饿踣西山,孔子称仁,何以异云。

——《新唐书》

为子死孝,为臣死忠,死又何妨。自光岳气分,士无全节;君臣义缺,谁负刚肠。骂贼睢阳,爱君许远,留取声名万古香。后来者,无二公之操,百炼之钢。

人生歘欻云亡。好烈烈轰轰做一场。使当时卖国,甘心降虏,受人唾骂,安得流芳。古庙幽沉,仪容俨雅,枯木寒鸦几夕阳。邮亭下,有奸雄过此,仔细思量。

——南宋·文天祥

气吞轧荦,屈事髯张。鲠贼喉牙,为国金汤。壮哉义士,魂兮故乡。名存忠烈,庙食相望。

——南宋·袁韶

张巡、许远,为唐室一代忠臣,不得不详叙事实,为后世之为人臣者劝。

——清·蔡东藩

许远（709年—757年），唐代官吏，字令威，杭州盐官（今浙江海宁西南）人，历任侍御史、睢阳太守。安禄山反，他与张巡协力守城，外援不至，城陷被俘，不屈而死。

题泗水亭

春风落东林，绿叶翳重阴。流莺坐花坞，宛传来清音。
和光沛天地，乐意同人心。卷帘出庭户，独立苍苔深。

简析

这是一首描写泗水亭周围风物景色之诗，表达了一种闲适之意，读之令人欣悦。

生平故事

唐天宝十四年（755年）十一月九日，大唐王朝的粟特将领安禄山和突厥将领史思明率领20万铁骑在范阳起兵。

消息传到华清宫，正与杨贵妃缠绵在温泉池中的唐玄宗李隆基根本就不相信，那个偷羊贼出身、几度被他赦免了死罪的胡儿安禄山会造反。直到六天后，胡人铁骑攻城略地的消息不断传来，他才意识到安禄山真的反了！

许远画像

不到两个月，安禄山的铁骑横扫中原，如入无人之境，很快便攻占了大唐东都洛阳。天宝十五年（756年）元日，安禄山自封为帝,立国号"大燕"。随后,叛军铁骑直逼潼关。河北二十四郡,除平原郡首颜真卿外,多数长官纷纷投向了叛军的阵营。谯郡太守杨万石也不例外,在降敌之后,他逼迫自己的手下真源县县令张巡为长史,向西接应叛军。

而张巡得知郡首叛国,且要他出面迎接叛军,不由大怒。于是,他带着治下小吏、百姓,在真源县的玄元皇帝洞拉起了一支千余人的武装队伍,起兵平叛。

当胡人的铁骑逼近长安之时,老迈的玄宗带着他心爱的贵妃和宰相杨国忠,仓皇逃往蜀地。马嵬之变后,太子李亨返回长安,登基称帝,为肃宗。老皇退位,新皇登基,纷乱的政治格局似乎让曾经称雄天下的大唐军队拿不出什么有效的抵抗方式面对叛军。就在这一年年底,张巡遇到了人生中最重要的知己和搭档——时任睢阳太守的许远。

许远,杭州盐官(今浙江海宁)人,唐开元末年进士。据载,他是海宁历史上第一位进士,他的曾祖父则是唐高宗时期著名的宰相许敬宗。许远中举后,出任剑南节度使幕府从事,节度使章仇兼琼想要招许远为婿,许远坚决推辞,惹怒了章仇兼琼,被贬为高要尉。

安史之乱爆发后,玄宗召许远出任睢阳太守,驻守江淮门户。许远遇见张巡时,无论是资历还是职位都要比张巡高出一截,然而他却深知张巡的才能高于自己,力荐张巡为主帅,自己为副手。张巡、许远两人在宁陵会合的第一仗便打得声势浩大,当日麾下两员悍将雷万春、南霁云率军破敌,杀敌二十余员大将及叛军数万人。张巡因此被刚刚登基的肃宗敕封为河南节度副使。

之后,两人在睢阳城开始了一场旷日持久的惊天地泣鬼神的守城之战。这场持续十月有余的守城之役,前后历经四百余战,张巡、许远身先士卒带领守城军民斩杀敌将数百名,杀敌士卒十二余万人。睢阳城下,血流成河,腐尸遍地,空气中弥漫着肃杀的味道,连草木间都充满死亡的气息。

三百多个日夜,睢阳城始终像钉子一样,牢牢地钉在江淮门户的位置,不仅牵制了叛军大量的兵力,更保证了大唐江汉漕运生命线的通畅。最重要的是,这十个月的苦守,为唐军组织反攻赢得了宝贵的时间。平定安史之乱,张巡、许远是当之无愧的第一功臣。

自唐代宗大历十四年(779年)起,直到清代,张巡、许远的地位不断被抬高,成为太庙中与历代帝王共享皇家祭祀的陪臣,更成为道教的"圣王"与"真君",并且从忠臣与家神上升为乡、族、境铺的保护神。

如今,"文安尊王"张巡与"武安尊王"许远,端坐于泉州各处的双忠庙宇中,永受后世香火。遍迹全国的一座座庙宇,一柱柱清香,祈求他们保得一方平安。

影响

初闻边报暗吞声,想见登谯与虏争。
世俗今犹疑许远,君王元未识真卿。
伤心百口同临穴,极目孤城绝救兵。
多少虎臣提将印,谁知战死是书生。

——南宋·刘克庄

自度才卑乐尚贤,输忠直欲保城全。
如公岂是偷生者,一死何庸较后先。

——南宋·徐钧

颜真卿(709年—784年),字清臣,京兆万年(今陕西西安)人,唐代书法家,更是赫赫有名的军事家。开元二十二年(734年),颜真卿中进士,登甲科,曾4次被任命为御史,迁殿中侍御史,后遭权臣杨国忠排挤,被贬黜到平原(今属山东陵县)任太守,人称"颜平原"。建中四年(783年),颜真卿遭宰相卢杞陷害,被遣往叛将李希烈部晓谕,被李希烈缢杀。

劝学

三更灯火五更鸡,正是男儿读书时。

黑发不知勤学早,白首方悔读书迟。

简析

《劝学》是颜真卿所写的一首古诗,劝勉青少年要珍惜少壮年华,少年时代要知道发愤苦读,勤奋学习,有所作为,否则等到老了再想读书就迟了。诗歌以短短28个字揭示了这个深刻的道理,达到了催人奋进的效果。

生平故事

颜真卿出身名门,著名的大家族琅琊颜氏的后代。开元二十二年(734年),颜真卿登进士第,历任监察御史、殿中侍御史,后因得罪权臣杨国忠,被贬为平原太守,属安禄山管辖。

天宝十四年(755年),在大唐王朝的歌舞升平中,身兼范阳、平卢、河东三镇节度使的安禄山,突然以"忧国之危"、奉密诏讨伐杨国忠为借口,和史思明在范阳起兵。

叛军所到之处,"河朔尽陷,守令或开门出迎,或弃城匿窜,无敢拒者",唐玄宗得知消息后焦急地问道:"河北二十四郡竟无一忠臣焉?"

而此时,平原郡太守颜真卿不等诏令,早已挺身而出,发表檄文讨伐安禄山。原来,在安史之乱前,颜真卿便断定安禄山必反,但作为安禄山下属的他不动声色,一方面以纵情诗酒、文人雅集的方式迷惑安禄山,另一方面假托阴雨不断,暗中加高城墙,疏通护城河,招募壮丁,储备粮草。

颜真卿画像

不到一天,颜真卿管辖的三千兵马就扩充到万人,与他的堂兄常山郡(河北正定)太守颜杲卿互为犄角,共同抗击叛军。唐玄宗得知这个消息后,高兴地说:"朕不识真卿何如人,所为乃若此!"

安禄山没想到这个之前看起来只知吟风弄月的文官竟在自己扫荡河北时,死死坚守住了平原郡。平原郡久攻不破,安禄山又急又气,在攻破东都洛阳后,派段子光拿着守城将领李憕、卢奕、蒋清的首级到河北示众,威胁颜真卿与众将领,如果不投降就是这个下场。

颜真卿为稳定军心,欺骗诸将说:"我平素认识李憕等人,这些首级全都不是他们的。"他命人斩杀段子光,藏起三人的首级。几天后,他命人用稻草扎成躯体接到首级上装殓,设灵位哭祭三位将领。

不久,颜真卿的影响力迅速扩大,黄河以北反抗安禄山的势力纷纷投靠他。很快,颜真卿就集结了二十万人,并被推为联军主帅。天宝十五年（756年），颜真卿指挥平原、清河、博平三郡联军，与叛军激战，歼敌两万余人，横绝燕赵，军威大震。

远在常山的颜杲卿也设计杀死李钦凑，活捉两个叛将，夺回土门。各郡县信心大增，纷纷杀掉叛军守将，唐军很快就收复了十五个郡。

这个仗打得并不容易，整个颜氏家族付出了惨重的代价。史思明带重兵围攻常山，颜杲卿兵力不足，向太原尹王承业求救。王承业此前夺取了颜杲卿的土门功劳，此刻又拥兵不救。颜杲卿只能孤军奋战，苦战六日，水、粮、矢俱尽后城破被俘，宁死不降，被钩掉舌头、斩断双手，凌迟处死。颜杲卿的儿子颜季明此前一直往来于常山、平原，为两郡联合平乱传递消息，城破后也被俘斩首。颜氏一族被杀者有三十余人。

颜真卿时任蒲州太守，听到这个消息以后，立刻派侄儿颜泉明到常山、洛阳寻找杲卿与季明的遗骸，但只找到季明的头颅和杲卿的部分尸骨。在安葬他们时，颜真卿写下了"在世颜书第一""天下第二行书"的《祭侄文稿》，通篇文字悲愤痛苦，铿锵有声，"贼臣不救，父陷子死，巢倾卵覆"，字字血泪，让人不忍卒读。

颜真卿在平定安史之乱中立下赫赫战功，战乱平定后，被召回朝廷，予以重用，但因其"不通世事，一味耿直"，在朝廷没多久，就又被贬回地方，此后在代宗、德宗两朝亦是如此。

安史之乱虽已平定，但已形成藩镇割据的局面。唐德宗建中四年（783年），淮西节度使李希烈叛乱，攻陷汝州。朝中纷纷议论该派谁去平乱，奸相卢杞素与颜真卿有过节，于是告诉德宗派颜真卿前去劝说招降最为合适，德宗同意了。

朝中公卿得知这个消息后皆失色，都劝颜真卿不要去。颜

真卿不是不明白卢杞的险恶用心，他知道此去凶多吉少，已写好给家人的遗书，是抱着赴死的决心去的。果然一到许州，颜真卿就被李希烈扣留了。

李希烈与同党利诱颜真卿，许诺称帝后让他做宰相，颜真卿厉声喝道："若等闻颜常山（杲卿）否？吾兄也。禄山反，首举义师，后虽被执，詈贼不绝于口。吾年且八十，官太师，吾守吾节，死而后已，岂受若等胁邪！"颜真卿的忠烈赢得了李希烈的同伙周曾、康秀林的敬佩，他们密谋杀掉李希烈，尊颜真卿为帅，然而事情泄露，周曾被杀。自此，李希烈就把颜真卿押送到蔡州的龙兴寺。

唐军日益强大，李希烈战况不佳，于是派辛景臻等人到龙兴寺堆起干柴，威胁颜真卿再不投降就烧死他。颜真卿一句话没说，纵身就向火堆扑去，辛景臻等人急忙拉住了他。因弟弟在叛乱中被杀，李希烈震怒，派宦官前去蔡州，缢杀了颜真卿。闻听颜真卿遇害，平叛将领、士兵纷纷失声痛哭。

德宗痛诏废朝五日，举国悼念，并亲颁诏文，追念颜真卿。此后历代对颜真卿评价都非常高，欧阳修感叹："其英烈言言，如严霜烈日，可畏而仰哉！"

一千多年过去了，我们都知道颜真卿是"楷书四大家"之一，很多人还摹过他的《多宝塔碑》《颜勤礼碑》，但是他不仅是伟大的书法家，更是个刚直忠烈的战将！

影响

颜真卿(书)如项羽挂甲,樊哙排突,硬弩欲张,铁柱特立,昂然有不可犯之色。

——北宋·米芾

颜鲁公为《郭汾阳家庙碑》云:"端一之操,不以险夷概其怀;坚明之姿,不以雪霜易其令。"斯言也,鲁公亦允蹈之。

——南宋·王应麟

一曲霓裳失太平,渔阳鼙鼓暗风尘。

君王只识杨丞相,不识平原老守臣。

——南宋·徐钧

陛下勿谓书生不知兵,颜真卿、张巡、许远辈以身许国,亦书生也。

——金·赵秉文

书家以险绝为奇,此窍惟鲁公、杨少师得之,赵吴兴弗能解也。

——明·董其昌

拼生一击报君恩,死后千秋大节存。

试览《唐书》二百卷,段颜同传表忠魂。

——清·蔡东藩

严武(726年—765年)字季鹰,华州华阴人。严武虽是武夫,亦能诗,全唐诗中录存其诗六首。《旧唐书》说他"神气隽爽,敏于闻见。幼有成人之风,读书不究精义,涉猎而已"。严武以荫调太原府参军,累迁殿中侍御史。玄宗入蜀,擢严武为谏议大夫。至德后,严武历剑南节度使,再为成都尹,以破吐蕃功进检校吏部尚书,封郑国公。他与杜甫最友善,镇剑南时,杜甫因避乱往依之。

军城早秋

昨夜秋风入汉关,朔云边月满西山。
更催飞将追骄虏,莫遣沙场匹马还。

简析

764年7月,严武率兵西征,9月破吐蕃七万余众,拿下了当狗城(四川理县西南),10月又拿下盐川城(甘肃漳县西北),同时遣汉川刺史崔旰在西山追击吐蕃,拓地数百里,与郭子仪在秦陇一带相配合,终于击退了吐蕃的大举入侵,保卫了西南边疆。

征战途中,严武写下了记述这场战争的《军城早秋》。诗的前两句表面写景,实则暗喻敌军进犯边关的形势。后两句表现出诗人指挥若定的大将风度,抒发了大获全胜的信念。杜甫称赞严诗"诗清立意新"。

生平故事

唐天宝十五年(756年)七月,太子李亨在灵武称帝,为了巩固皇位,广招人才。宰相房琯将严挺之之子严武推荐给唐肃宗。

严武到了唐肃宗身边后，因为能文能武，深得唐肃宗喜欢。收复长安后，唐肃宗就给了严武京兆少尹兼御史中丞等要职。

安史之乱发生后，严武随肃宗西奔，参与了灵武起兵，随后陪驾到凤翔至长安。至德二年（757年），严武任给事中，次年出任绵州刺史，迁东川节度使，不久调回京，任侍御史、京兆尹。上元二年（761年）十二月，严武任成都府尹兼御史大夫，充剑南节度使。宝应元年（762年）四月，唐玄宗、唐肃宗父子时隔十四日相继去世。七月，严武被召回京，入为太子宾客，迁京兆尹兼御史大夫。继任成都尹职的高适，治蜀力不能支，吐蕃内犯，攻陷陇右，直通长安，蜀郡西北部的松州、维州、保州等地都被包围，后来终于陷落。朝廷于是再命严武为成都尹、剑南节度使，于广德二年（764年）初第三次入蜀。

宝应元年（762年）四月，肃宗崩，代宗即位。六月，代宗召严武入朝。永泰元年（765年），严武不幸突患疾病，死于成都。

影响

郑公瑚琏器，华岳金天晶。昔在童子日，已闻老成名。嶷然大贤后，复见秀骨清。开口取将相，小心事友生。阅书百纸尽，落笔四座惊。历职匪父任，嫉邪常力争。汉仪尚整肃，胡骑忽纵横。飞传自河陇，逢人问公卿。不知万乘出，雪涕风悲鸣。受词剑阁道，谒帝萧关城。寂寞云台仗，飘飘沙塞旌。江山少使者，笳鼓凝皇情。壮士血相视，忠臣气不平。密论贞观体，挥发岐阳征。感激动四极，联翩收二京。西郊牛酒再，原庙丹青明。匡汲俄宠辱，卫霍竟哀荣。四登会府地，三掌华阳兵。京兆空柳色，尚书无履声。群乌自朝夕,白马休横行。诸葛蜀人爱,文翁儒化成。公来雪山重,公去雪山轻。记室得何逊,韬钤延子荆。四郊失壁垒,虚馆开逢迎。堂上指图画,军中吹玉笙。岂无成都酒,忧国只细倾。时观锦水钓,问俗终相并。意待犬戎灭,人藏红粟盈。以兹报主愿,庶或裨世程。炯炯一心在,沉沉二竖婴。颜回竟短折,贾谊徒忠贞。飞旐出江汉,孤舟轻荆衡。虚无马融笛,怅望龙骧茔。空余老宾客,身上愧簪缨。

——唐·杜甫

裴度(765年—839年),字中立,河东闻喜(今山西闻喜东北)人,唐代中期杰出的政治家、文学家。贞元五年(789年)进士,元和时累迁司封员外郎、中书舍人、御史中丞,支持宪宗削藩。裴度曾亲自出镇,督统诸将平定淮西,后平吴元济、李师道之乱,实现"元和中兴",史称其"身貌不逾中人"却能威震四夷,被时人比作郭子仪。

中书即事

有意效承平,无功答圣明。灰心缘忍事,霜鬓为论兵。
道直身还在,恩深命转轻。盐梅非拟议,葵藿是平生。
白日长悬照,苍蝇谩发声。高阳旧田里,终使谢归耕。

简析

裴度身历宪、穆、敬、文四朝,出绾军镇,入拜宰辅,"出入中外,以身系国之安危时之轻重者二十年",其庙谟方略与晋王导、谢安相比无有逊色,其威望功业可与肃、代两朝郭子仪比美,人们誉之为唐代中兴名臣第一人。但他居于高处不胜寒,先是在宪宗朝遭皇甫镈、元稹的构陷排挤;继则在穆宗朝遭到李逢吉辈所谓"八关十六子"的朋党打击。裴度到了晚年,眼见朝廷日非,遂在东都集贤里及午桥创亭园林泉以自适,与诗人白居易、刘禹锡等人以诗酒琴书自乐,当时名士皆从之游。《中书即事》是他尚处身于中书省政事堂时的自白,日后的事实果如他所料,一代名相不能尽其才略,对国家本可以做出贡献,因遭嫉及谗言攻击,被遗弃而不受重用,令人叹息。

生平故事

元和十二年（817年）的十月初十，外面下着大雪，由西路军主帅李愬带着一支敢死队，一个晚上赶了一百多里路杀进蔡州城，活抓了淮西节度使吴元济，随后淮西的军政大员纷纷投降，淮西战役结束。

裴度是这次淮西战役的总指挥，他在817年进入淮西，协调几十万大军的进攻，督办粮草，为主将请功，安抚淮西的老百姓，更重用由代

裴度画像

理兵部尚书李逢吉推荐的名将李愬，撤掉影响军队团结的监军宦官。

宪宗朝的"元和中兴"，以平定淮西、打败李师道、收降河北三镇为重点，其中裴度是战斗在第一线的指挥官，被誉为"晚唐的郭子仪"。

然而这样的人物，在淮西战争刚开始，就差点丢了性命。

元和九年（814年），淮西节度使吴少阳死了，他的儿子吴元济想继承节度使的职位，中央不同意，吴元济就出兵扩大地盘，想通过武力让中央屈服。以往节度使接位都是这个套路，但这一次宪宗的回应相当强硬，你要打我就陪你打，淮西战役开始。

当时在朝廷的政事堂内，关于是否出兵，主和主战两种声音争吵得很激烈，最后把选择权抛给了宪宗，一个有远大抱负的皇帝，让他选，他就毫不犹豫地选择了战争。

但是这场战争,一开始就充满了波折。

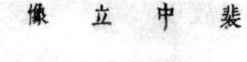

不到一年的时间,主战的宰相李吉甫忽然去世了,为了平衡政事堂里的政治局势,宪宗紧急把在西川待了7年的武元衡招了回来。

裴中立像

武元衡回长安,任务只有一个,支持对淮西用兵,这样裴度作为武元衡的助手走上了历史舞台。

裴度来自超级大家族河东裴氏,从李渊建国裴寂成为第一任宰相开始,在大唐宰相的花名册上,裴氏是常客。

出生在这样的家族,意味着青少年的裴度生活一帆风顺。他24岁中进士,27岁通过博学鸿词科。这个博学鸿词科是很难考的,能通过的都是刘禹锡、柳宗元这样的天才,大文学家韩愈考了三次连名次都没有。裴度不仅排名靠前,还受到了皇帝的亲自考核,事后被分配到河阴做了县尉,一年后当上监察御史。如果按照这个进度,裴度或许要在朝廷里熬个十几年才会有出头的日子,只能说他的运气很好,在一次人事调动中,认识了去西川支援的宰相武元衡。裴度出身名门,有气度有知识有抱负,武元衡相当喜欢,立马收为关门弟子。

唐宪宗元和十年(815年)六月初三,主张削藩平叛的武元衡在上朝的路上遭人伏击,被刺客当场射杀,然后刺客割下他的头颅扬长而去。当朝宰相竟然在大街上被暗杀斩首!这是大唐开国以来从未有的恶行!长安城极度恐慌。

在武元衡被刺杀的那天早上,主张削藩的二号人物裴度也一同遇袭。

刺杀他的是其中的一小撮人,大概就两三个,主力都往武元衡那招呼,毕竟他才是宰相,裴度充其量也只是个助手。人少并不意味着裴度就能逃出来,事实上过程很惊险。当刺客出现的时候,裴度年轻,反应比他的老师要快得多,从马上翻了下来,刺客朝地上的裴度刺了三剑。第一剑是在裴度翻下马的瞬间刺出的,只刺到了鞋子;第二剑是在裴度从地上站起来,准备逃跑的时候刺的,划伤了背部;第三剑刺中了头,幸运的是案发前一天,裴度的老朋友淮南节度使李鄘刚从扬州寄给裴度一顶毡帽,裴度很喜欢,当天恰巧戴着,剑刺在了帽子上。这顶毡帽里面的毡秆相当厚实,裴度只是受了点皮外伤。

这时候裴度的侍从扑了上来,抱住了刺客,同时大声喊:杀人啦!这一吼,街坊邻居都跑出来了,而裴度因为太紧张,站起来没跑几步,就掉进了路边的小水沟里,晕过去了。刺客以为裴度已死,砍断侍从的胳膊,然后一个纵身,消失了。

裴度捡回了一条命,等待他的却是职业生涯中最大的危机。因为失去了武元衡,宰相们一致反对继续出兵,并且要求严惩裴度,就是因为他们师徒俩支持淮西战争,现在河北三镇派来的刺客都布满了长安城。

这时候的宪宗体现了一个英明皇帝需要有的魄力,在裴度养好伤后,全力支持他,继续打好淮西战役。

两年后,在裴度的指挥下,名将李愬雪夜奇袭蔡州,一举生擒叛军首领吴元济。淮西战争的胜利,证明宪宗的决策没有错,而裴度也顺利当上了上柱国、晋国公,成了全国人民的战斗英雄。

有感于唐宪宗和裴度君臣相得,收复淮西,南宋抗金名将李纲写了一首《念奴娇·宪宗平淮西》来纪念这段风云岁月,表达自己的向往之情:晚唐姑息,有多少方镇,飞扬跋扈。淮蔡雄藩联四郡,千里公然旅拒。同恶相资,潜伤宰辅,谁敢分明语。媕娿群议,共云旄节应付。于穆天子英明,不疑不二处,登庸裴度。往督全师威令使,擒贼功名归诉。半夜衔枚,满城深雪,忽已亡悬瓠。明堂坐治,中兴高映千古。

影响

绿野堂开占物华,路人指道令公家。

令公桃李满天下,何用堂前更种花。

——唐·白居易

宪宗朝,则有杜邠公之器量,郑少保之清俭,郑武阳之精粹,李安邑之智计,裴中书之秉持,李仆射之强贞,韦河南之坚正,裴晋公之宏达,亦各行其志也。

——唐·李肇

裴度始以谋策除害,佐烈祖之中兴,终以忠贞立朝。毗累圣之鸿业,经纬之志,华皓不衰,功勋烂然,图史辉焯。

——唐·李德裕

苟裴令不用,元和之世则时运未可知也。

——《旧唐书》

度身貌不逾中人,而威望远达四夷。

——北宋·司马光

裴度平淮西,绝世之功也。韩愈《平淮西碑》,绝世之文也。

非度之功不足以当愈之文,非愈之文不足以发度之功。

——南宋·葛立方

功名久震平淮后,机务方闲罢相余。

晚节浮沉非失计,一园花竹午桥居。

——南宋·徐钧

裴晋公度累朝元老,于功名之际盛矣,而诗人出其门尤盛。

——元·方回

唐朝之宰辅亦多矣,问如裴度之著阴功者有几人乎?

——清·蔡东藩

范仲淹(989年—1052年),字希文,谥文正,亦称范履霜,北宋著名政治家、文学家、军事家、教育家。他为政清廉,体恤民情,刚直不阿,力主改革,屡遭奸佞诬谤,数度被贬。他的文学素养很高,著名的《岳阳楼记》中"先天下之忧而忧,后天下之乐而乐"为千古名句。

渔家傲·秋思

塞下秋来风景异,衡阳雁去无留意。四面边声连角起①。千嶂里,长烟落日孤城闭。

浊酒一杯家万里,燕然未勒归无计②。羌管悠悠霜满地。人不寐,将军白发征夫泪。

简析

这首词写作者守边生活的亲身体验和悲壮情怀。上片从听觉、视觉两方面写足了边地秋天景象,"千嶂里。长烟落日孤城闭",与王维的《使至塞上》"大漠孤烟直,长河落日圆"意境相类而情调迥异。下片抒发兵将有共同襟怀——边功未就,故里难归。将军的白发、士兵的眼泪体现出壮志未酬的悲壮。"羌管悠悠霜满地",绘军中月夜之景,景中含情,极富典型意义。

此篇语境开阔,格调悲壮,给宋初充满吟风弄月的词坛吹来一股清劲的雄风,对以后的词风革新产生了积极影响,是一首难

---

①边声:马嘶风吼之类的边地荒寒肃杀之声。角:军中的号角。
②燕然未勒:指边患未平、功业未成。燕然,山名,即今蒙古境内之杭爱山。勒,刻石记功。东汉窦宪追击北匈奴,出塞三千余里,至燕然山刻石记功而还。

得的佳作。

苏幕遮·怀旧

碧云天,黄叶地,秋色连波,波上寒烟翠。山映斜阳天接水。芳草无情,更在斜阳外。

黯乡魂①,追旅思②,夜夜除非,好梦留人睡。明月楼高休独倚,酒入愁肠,化作相思泪。

简析

此词抒写作者秋天思乡怀人的感情。上片绘出绚丽、高远的秋景,意境开阔。"碧叶天,黄叶地"为传诵名句。词的下片表达客思乡愁带给作者的困扰,极其缠绵婉曲,以夜不能寐、楼不能倚、酒不能消解三层刻画,反言愈切。

煞拍酒化为泪,消愁之物反酿成悲戚之情,最为警策。前人颇诧异镇边帅臣"亦作此消魂语"。《左庵词话》解释说:"希文宋一代名臣,词笔婉丽乃尔,比之宋广平赋梅花,才人何所不可,不似世之头巾气重,无与风雅也。"此说可谓得之。

御街行·秋日怀旧

纷纷坠叶飘香砌。夜寂静,寒声碎。真珠帘卷玉楼空,天淡银河垂地。年年今夜,月华如练,长是人千里。

愁肠已断无由醉,酒未到,先成泪。残灯明灭枕头欹,谙尽孤眠滋味。都来此事,眉间心上,无计相回避。

---

①黯:形容心情忧郁。黯乡魂:思念家乡,心情颓丧。
②追:追随,可引申为纠缠。旅思(sī):旅居在外的愁思。思:心绪,愁思。

简析

这是一首秋夜怀人的词。上片写秋夜景,或就地面刻画秋声,或就天宇描摹夜色,以寒夜秋声衬托主人公所处环境的冷寂,突出人去楼空的落寞感,并抒发了良辰美景无人与共的愁情。沈际飞《草堂诗余隽》称赏"天淡"句写景空灵。

下片专就离情宣发。"愁肠"三句折进一层,言离愁之深。"残灯"二句再现实境,一盏如豆的青灯忽明忽暗,独自凭栏斜倚,尝尽这孤眠的滋味。末以离愁"眉间心上"无所不在,倍增酸楚。"都来此事"几句为李清照《一剪梅》词所袭用,化作"此情无计可消除,才下眉头,却上心头",向来为词评家所赞誉。这首词虽写似水柔情,却骨力道劲,绝不流于软媚。李攀龙评"月光如昼,泪深于酒,情景两到"(《草堂诗余隽》),可谓佳评。

剔银灯·与欧阳公席上分题

昨夜因看蜀志,笑曹操孙权刘备。用尽机关,徒劳心力,只得三分天地。屈指细寻思,争如共、刘伶一醉?

人世都无百岁。少痴騃、老成尪悴。只有中间,些子少年,忍把浮名牵系?一品与千金,问白发、如何回避?

简析

此词副题是"与欧阳公席上分题"。欧阳修是范仲淹政治上的知音,仁宗时"景祐党争",欧阳修就坚定地站在范仲淹一边。仁宗将范仲淹贬黜出京,欧阳修写了《与高司谏书》,斥高司谏一味迎合权相落井下石,不知人间有羞耻二字。欧阳修也因此被贬夷陵。政治上的风雨磨难,高尚人格的互相吸引,革新朝政的共同追求,使范、欧二人最终成为相濡以沫的盟友。

上阕写三国故事,表现出作者豁达的情怀,下阕写内心时不我待的焦灼。"人世都无百岁。少痴騃、老成尪悴。只有中间,些子少年",能够干一番大事的年华太少了,哪里禁得起几番蹉跎?

生平故事

范仲淹自小刻苦好学,异于常人。初谙世事时,范仲淹在长山醴泉寺寄宿读书。他生活极其粗简,每天只煮一碗稠粥,凉了以后划成四块,早晚各取两块,拌几根腌菜,浇点醋汁,吃完继续读书,如此整整三年。但他对这种"断齑画粥"的清苦生活毫不介意,只乐在书中。

寺中有限的书籍渐渐不能满足他的需要,他又来到四大书院之一的应天府书院。那里不仅藏书众

范仲淹画像

多,还有名师可以请教,又有志同道合的同学互相切磋,而且经过测试,可以在书院免费就学。范仲淹十分珍惜这样的环境和机会,连岁苦读,别人看花赏月,他在六经中寻乐。一个生活优裕的同学看他常年吃粥,便送了些美食给他。他竟一口不尝,听任佳肴发霉。直到人家怪罪起来,他才长揖致谢说:"我已安于画粥割齑的生活,担心一享受美餐,日后就咽不下粥和咸菜了。"范仲淹面对艰涩的生活,颇有颜回的风范,"一箪食,一瓢饮,在

陋巷。人不堪其忧,回也不改其乐!"

有一回,迷信道教的宋真宗率领百官到亳州朝拜太清宫,浩浩荡荡的车马路过应天府,人们争先恐后去看皇帝,唯独范仲淹闭门不出,埋头读书。有个同学跑来劝他:"快去看,这是个千载难逢的机会,千万不要错过!"他随口说道:"将来再见也不迟。"说完,他便头也不抬地继续读书。在宋真宗朝拜太清宫后的第二年,范仲淹进士及第,参加御试时,第一次面见了年近五旬的真宗皇帝。就这样,他踏上了长路漫漫的政治生涯。

起初,他被派往海陵西溪做盐仓监官这样一个闲差,但差闲人不闲,他发现当地多年失修的海堤已经坍圮不堪,遇上大海潮汐,成千上万灾民流离失所,官府盐产与租赋都蒙受损失。为此,他上书负责江淮漕运的张纶,痛陈海堤利害,建议在通州、泰州、楚州、海州沿海重修一道坚固的捍海堤堰。张纶赞同并奏请朝廷调范仲淹做兴化县令,全面负责治堰。就这样,范仲淹率领来自四个州的数万民夫,奔赴海滨。但治堰工程开始不久,便遇上夹雪的暴风,接着又是一场大海潮,吞噬了一百多个民工。许多官员认为堤不可成,主张取缔原议,彻底停工。事情报到京师,朝臣也踌躇不定。范仲淹却不为所动,同好友滕宗谅泰然自若地研判着海堰的情势。

由于他们的努力坚持,终于,绵延数百里的悠远长堤横亘在黄海滩头,盐场和农田的生产从此有了保障。治堰工程结束后,他被调入京师,任大理寺丞。后来其母谢氏病故,他尽孝服丧,回到应天府居住。

当时的应天府留守官晏殊,欣赏范仲淹的才情学识,邀请他协助戚氏主持应天府学的教务。范仲淹慨然领命,还把另一位青年朋友富弼推荐给晏殊。范仲淹住进学校督导诸生读书,每当给诸生命题作赋,必定先作一篇,以掌握试题难度和着笔重点,使诸生迅速提高写作水平,应天府书院的学风为之一新。

四方前来就读和向范仲淹问业的人络绎而至。范仲淹热诚接待这些远道而来的学者,孜孜不倦地为他们讲授,还用自己的微薄俸禄招待他们吃饭,以致家中窘迫不堪。一次,游学乞讨的孙复前来,范仲淹即刻送了他一千文钱。过了一年,孙复又至,范仲淹一边送钱给他,一边问他为何匆匆奔讨却不坐下来静心读书。孙复悲戚地说:"家有老母,难以赡养。若每天有一百文的固定收入,便足够使用。"范仲淹对他说:"我帮你在本校找个职事,你一月可得三千文去供养老人。如此这般,能安心治学否?"从此,孙复便跟着范仲淹攻读《春秋》。

十年之后,孙复在泰山广聚生徒,教授《春秋》,就连山东著名的徂徕先生石介,也师事于他。范仲淹感慨地说:"贫困实在是一种可怕的灾难。倘若孙复一直乞讨到老,这位杰出的人才岂不湮没沉沦?"孙复之外,范仲淹每到一处,总是兴学聘师,关心教育。大凡经他指教和影响过的人,都各有所成。

范仲淹逾天命之年,党项族首领元昊率领他的族人脱离朝廷,另立西夏,自称皇帝,并调集十万军马侵袭宋朝延州等地,宋仁宗调范仲淹挂帅赶赴延州。从此,范仲淹开始了他的戎马生涯。

他初至延州,便全面检阅军旅,并认真地进行了裁汰和改编。他从士兵和低级军官中提拔了一批猛将,从当地居民间选录了不少民兵,又开展了严格的军事训练。他取缔了按军阶高低先后出阵的机械临阵体制,改为根据敌情选择战将的应变战术。

他采纳种世衡的建议构筑防御工事,先在延北筑城,后来又在宋夏交战地带构筑堡寨。他诚心团结沿边少数民族居民,慷慨优惠,严立赏罚公章制约。这样,鹿延、环庆、泾原等防线上,渐渐屹立起一道坚固的屏障。

翌年三月的一天,范仲淹密令长子纯佑和蕃将赵明,率兵偷袭西夏军,夺回了庆州西北的马铺寨。他本人又随后引军出发,快要深入西夏军防地时,他突然发令:就地动工筑城。建筑工具事先已经备好,只用了十天,便筑起一座新城,这便是楔入宋夏夹界间那座著名的孤城——大顺城。西夏不甘失利,派兵来攻,却发现宋军以大顺城为中心,构筑堡寨呼应的坚固战略体系。

范仲淹不疏军务,大胆革新,赏罚分明,如此一来,他率领的队伍中涌现出许多像狄青、种世衡那样有勇有谋的将领,还训练出一批强悍敢战的士兵,成为北宋骁勇善战的劲旅。随之,西夏国内出现了各种危机,西夏军将领中间矛盾重重,向宋朝投诚的人陆续不断。经双方使节周旋,宋、夏重新恢复了和平,西北局势转危为安。

影响

一世之师,由初起终,各节无疵。

——北宋·王安石

范文正杰出之才。

——南宋·朱熹

先儒论宋朝人物,以范仲淹为第一。

——南宋·吕中

（范公）以天下为己任，其志也。任之力，则忧之亟。故人之贞邪，法之疏密，穷檐之疾苦，寒士之升沉，风俗之醇薄，一系于其心。

——明末清初·王夫之

高平（范仲淹）一生粹然无疵，而导横渠以入圣人之室，尤为有功。

——清·全祖望

洞庭风月古来稠，晴时春光雨时秋。
意有悲欢空惆怅，身羁宠辱不自由。
一番晤对收眼底，万古忧乐上心头。
范文正公谁得似，千载犹歌岳阳楼。

——「早读岳阳楼记」侯若愚

韩琦(1008年—1075年),字稚圭,相州安阳(今河南安阳)人,北宋政治家、名将。他与范仲淹率军防御西夏,在军中享有很高的威望,人称"韩范"。当时,边疆传颂一首歌谣:军中有一韩,西贼闻之心骨寒;军中有一范,西贼闻之惊破胆。韩琦一生,历经北宋仁宗、英宗和神宗三朝,亲身经历和参加了许多重大历史事件,如抵御西夏、庆历新政等。熙宁八年(1075年)六月,韩琦在相州溘然长逝,享年68岁。

忆江南·安阳好

安阳好,形势魏西州。曼衍山川环故国,升平歌吹沸高楼。和气镇飞浮。

笼画陌,乔木几春秋。花外轩窗排远岫,竹间门巷带长流。风物更清幽。

简析

这是一首赞美安阳风物景色的小令,写得清新自然。

小桧

小桧新移近曲栏,养成隆栋亦非难。

当轩不是怜苍翠,只要人知耐岁寒。

简析

这是一首咏物言志诗,借庭里栽种的小小桧柏,表白了作者正直刚毅的性格。庭院里新栽了一棵小桧,将来长成参天大树亦非难事,种在院子里不单是因为爱它四季都青翠的颜色,更要让人知道它经冬不凋、耐岁寒的坚毅品格。

九日水阁①

池馆隳摧②古榭荒,此延嘉客会重阳。
虽惭老圃秋容淡,且看黄花晚节香。
酒味已醇新过熟,蟹螯先实不须霜。
年来饮兴衰难强,漫有高吟力尚狂。

简析

前两句点出九日宴会之事与所处环境,虽然池馆倾圮,台榭荒芜,却有嘉客来助成重阳雅集,环境虽然荒僻,人的兴致却很高。三、四两句正面写九日赏菊,是韩琦的名句,含比兴之意,字面上是写菊花在深秋花事皆淡之后犹有晚香,言外之意则是表明自己虽到晚年而晚节弥坚的品格。

生平故事

韩琦一生最爱助人,不少英才都受过他的恩泽。

范仲淹一心报国,入仕后却一直宦途不顺,先是得罪刘太后,接着触怒权相吕夷简,二十多年间,屡遭重挫,空怀文武大才,无从施展。宋王朝与西夏每战必败,西北边防急于用人,康定元年(1040年),时任陕西安抚使的韩琦抓住这一时机,向仁宗建议召用范仲淹。这时,已经52岁的范仲淹正背着被强加的"荐引朋党,离间君臣"的罪名,远贬越州任知州。专制君主最怕臣下结朋党,故政敌相攻,常指对方为朋党,以期置之死地而除之。范仲淹

---

①九日:九月九日,重阳节。古代风俗,这一天要置酒赏菊。
②隳摧:颓毁,倾毁。

初被贬,欧阳修等出于义愤为其鸣不平,当即被政敌指为朋党,紧随范仲淹之后被赶出朝廷。所以,韩琦此时推举范仲淹,是冒着很大风险的。为让高德大才不被时代埋没,韩琦已将一己的前途置之度外,在给仁宗的奏疏中写道:"方陛下焦劳之际,臣岂敢避形迹不言?若涉朋比,当族!"仁宗被感动,不久就将范仲淹调到西北前线,委以重任。

韩琦画像

范仲淹和韩琦并肩作战,两人同心协力,互相声援,并称"韩范",在抗御西夏的斗争中,展示出过人的军事统帅才干。二人守边疆时间最长,人心归服,朝廷以之为长城。边塞传诵着这样的歌谣:"军中有一韩,西贼闻之心骨寒;军中有一范,西贼闻之惊破胆。"范仲淹也渐得仁宗倚重,三年后即被调进朝廷,任参知政事(副相),主持了著名的庆历新政。

同时,韩琦多次向仁宗举荐欧阳修。仁宗不听,韩琦照说。一天,韩琦又向仁宗言之。韩琦把欧阳修比作韩愈,说:韩愈为唐朝名士,天下人都希望能让他为相,而唐王朝没有,至今人们还拿这事批评唐王朝不能用贤。欧阳修就是当今的韩愈!而陛下不用,臣怕后人会像批评唐王朝一样批评本朝。陛下何不试用一下欧阳修,让天下后世知道本朝能用贤人?韩琦说得恳切,仁宗终于在嘉祐六年(1061年)任命欧阳修做了参知政事,且一做就是六年,成为欧阳修仕宦生涯中最辉煌的时期。

嘉祐元年(1056年),苏洵领着苏轼、苏辙兄弟进京,谒见欧阳修。欧阳修将苏洵的文章推荐给时任枢密使的韩琦,韩琦大加赞许,和欧阳修一起,极力向朝廷推举。次年,苏轼、苏辙同榜考中进士。一时之间,"三苏"文章轰动京师。

治平三年(1066年),宋英宗想打破常规,将苏轼直接召入翰林院,委以知制诰的重任。时任宰相的韩琦不同意,谏道:苏轼,远大之器也,他日自当为天下用,朝廷要培养他,以使天下的士人莫不对他仰慕倾倒,那时再重用他,人们就不会有异议,如今突然就把他擢升到显要位置,恐引起非议,反而不美。

英宗急于用苏轼,问韩琦:知制诰不宜立即委之,任命为修起居注的史官可以吗?韩琦认为修起居注和知制诰一样是显要职位,也不可骤然任之,建议先让苏轼到史馆兼职,但是按近来的规矩,这也得考试合格才行。

英宗说:不知道要用的人行不行,才让其参加考试,像苏轼还有不行的吗?韩琦说:正因如此,所以不能不考。结果考试通过,苏轼才入职史馆。后来,欧阳修把这个过程告诉苏轼,苏轼十分感动,叹道:"韩公待轼之意,乃古所谓君子爱人以德者也!"

韩琦尤其赏识和擢用直臣,还大力培养奖掖一大批优秀边将。北宋中期名将狄青、郭逵,都是经他和范仲淹重用而成长起来的。一般将领,经他提携鼓励后,不少都在边防事务中建立了卓著勋绩。他奖掖过的边将安俊,在西北边防多立战功,威震西夏。

影响

临大事,决大议,垂绅正笏,不动声色,措天下于泰山之安,可谓社稷之臣。

——北宋·欧阳修

韩、范、富、欧阳,此四人者,人杰也。

——北宋·苏轼

韩魏公不动声色,垂绅搢笏而措天下于泰山之安者,盖自庆历、嘉祐之时,可属大事,重厚如勃,其德望服人心久矣。

——南宋·吕中

琦天资朴忠,折节下士,无贱贵,礼之如一。尤以奖拔人才为急,傥公论所与,虽意所不悦,亦收用之,故得人为多。选饬群司,皆使奉法循理。其所建请,第顾义所在,无适莫心。

——元·脱脱

史臣称魏公相三朝,立二帝,垂绅正笏,不动声气,措天下于泰山之安,可谓社稷之臣矣。又称国家当隆盛之时,其大臣必有耆艾之福,推其有余,足芘当世。富公再盟契丹,能使南北之民数十年不见兵革,与文潞公皆享高寿于承平之秋;至和以来,共定大计,功成退去,朝野倚重。由此言之,二公之功名,盖相当矣。呜呼!士之幸而遭际太平,福德俱全者,则韩、富二公是也。

——明·归有光

韩公之才,磊落而英多,任人之所不能任,为人之所不敢为。故秉正以临险阻危疑之地,恢乎其无所疑,确乎其不可拔也。而于纤悉之条理,无曲体求详之密用。是故其立朝之节,直以伊、周自任,而无所让。……三代以还,能此者,唯韩魏公而已。

——明末清初·王夫之

宗泽(1060年—1128年),字汝霖,婺州义务(今浙江义乌)人,宋朝名将,进士出身,历任县、州文官,颇有政绩。宗泽曾20多次上书高宗赵构,力主还都东京,并制定了收复中原的方略,均未被采纳。他因壮志难酬,忧愤成疾,临终三呼"过河"而卒,死后追赠观文殿学士、通议大夫,谥号忠简,著有《宗忠简公集》传世。

早发

伞幄垂垂马踏沙,水长山远路多花。

眼中形势胸中策,缓步徐行静不哗。

简析

《早发》是宋代抗金名将宗泽创作的一首七言绝句,描写军队早晨出发的情景。第一句从将帅的角度写行军时军容的严整;第二句交代了行军路程的漫长和沿途山水的辽阔壮丽;第三句写作者身为将帅的儒雅沉着、韬略在胸;第四句从队伍的角度写行军时军纪的严明。从诗中可以看得出宗泽从容不迫的大将风度。

生平故事

靖康二年(1127年)正月,宗泽至开德,与金人十三战皆胜,他寄书信劝告赵构檄令诸道会兵京城,又发书给诸将让他们合兵救援京城,然众人都不予理睬。宗泽领孤军前进,命都领陈淬进兵,与金兵相遇,陈淬大败金兵。金兵攻打开德,宗泽派遣孔彦威迎战,又大败金兵。宗泽估计金兵必定会进犯濮阳,便事先派遣三千骑兵前去救援。结果金人果然来攻打濮阳,又被打败。金兵第二次攻打开德,权邦彦、孔彦威合兵夹击,金兵再次大败。

当时金兵胁迫徽、钦二帝北去,宗泽得知,立即领兵奔赴滑州,经过黎阳,到达大名,想直接渡过黄河,控扼金人的退路,截回徽、钦二帝。

赵构在南京即皇帝位,宗泽入朝相见,涕泪交流,提出复兴国家的

宗泽画像

大计。当时他与李纲一同入朝对答,两人相见谈论国事,慷慨流涕,李纲认为宗泽是一个奇人。开封府长官职位空缺,李纲认为安定和恢复旧都城非宗泽不可。不久,宗泽改任知开封府。这时敌人仍留屯在黄河边上,战鼓之声,日夜可闻,可京城的战船全部废坏,士兵与百姓杂居,盗贼纵横,人心惶惶。宗泽一向威望高,到达开封后,首先捕杀了几个盗贼。宗泽下令说:"盗贼,无论赃物多少,一律按军法论处。"自此盗贼平息,百姓得以安宁。

真定、怀、卫之间,金兵很多,正加紧修造战具以作入攻打算。宗泽便渡过黄河联络诸将共同商议有关攻防事宜,以图收复失地,并且在京城的四面各设置一个防御使以统领新召集的士兵。另外,他还根据地势在城外建造了二十四道坚固的防御墙,在沿河一线依次建立连珠砦,连结河东、河北山水砦的忠义民兵,由此陕西、京东、京西各路的人马都愿意听宗泽指挥。秉义郎岳飞触犯军法将被处刑,宗泽见到岳飞感到惊奇,说:"这是

一个将才。"正碰上金人攻打汜水,宗泽将五百骑兵交给岳飞,让他立功赎罪。岳飞大败金人而回,宗泽于是升岳飞为统制,岳飞由此知名。

金将兀术将渡过黄河,谋划攻打汴京。诸将请先断掉河桥,严兵固守,宗泽嘲笑说:"去年冬天,敌人直扑而来,正是由于断掉河桥。"于是命令部将刘衍奔赴滑州,刘达赶赴郑州,以分散敌人兵力,并告诫诸将极力保护河桥,以等待大兵聚集。金人得知,乘夜断掉河桥逃去。

建炎二年(1128),金人从郑州抵达白沙,离汴京很近,都城之人感到惊恐。僚属进来问计策,宗泽正在与客人一起围坐交谈,他笑着回答说:"什么事这么慌张?刘衍等在外肯定能够抵御敌人。"于是挑选几千精锐兵士,让他们绕到敌后,埋伏在其退路上。当金人正与刘衍战斗时,伏兵突起,两面夹击,金人果然被打败。

金人因与宗泽战而不利,将军队全部撤去,改为攻打滑州。宗泽派赵世兴前去救援,趁对方不备,将金人打败。宗泽声望日著,金人听到他的名字,常常既尊敬又害怕,他们与宋人谈到宗泽,必定称他为宗爷爷。

宗泽先后上了二十多道奏章,请求赵构回京,每每被黄潜善等人所阻碍,忧愤成疾,背上长毒疮。建炎二年七月十二日(1128年7月29日),刮风下雨,天色阴暗,宗泽在弥留之际,没一句话谈及家事,念念不忘北伐,最后连呼三声"渡河!渡河!渡河!"怀着悲愤的心情溘然与世长辞,时年68岁。其子宗颖和爱将岳飞一起扶柩至镇江,将他与夫人陈氏合葬于镇江京岘山上,都城之人闻知痛哭。宗泽所留下的遗书仍然主张赵构返回京城。朝廷追赠宗泽观文殿学士、通议大夫,谥号忠简。

宗泽抱忠义之志,竟为谗沮,志向难伸。宗泽担任开封府尹几个月的时间,城筑已增固,楼橹已修饰,垒濠已开浚,寨栅已罗列,义士已团结,蔡河、五丈河已皆通流,陕西、京东西、河东北盗贼皆已归附。当时的情形已经不像靖康之变时汴京没有完备的情况了。但赵构的宠臣汪伯彦、黄潜善为主投降议和,则宗泽还京之请,虽一连上了二十道奏疏又有什么用呢?所以他忧愤成疾,出师未捷身先死,长使英雄泪满襟,盖亦抱无穷之恨。宗泽死后而用杜充代之,宗泽在则盗可以感化为士兵,任重杜充士兵都能被逼成盗贼。

影响

可谓国尔忘家者。

——北宋·吕惠卿

公卿有党排宗泽,帷幄无人用岳飞。

遗老不应知此恨,亦逢汉节解沾衣。

——南宋·陆游

北望神州路。试平章,这场公事,怎生分付?记得太行山百万,曾入宗爷驾驭。今把作,握蛇骑虎。君去京东豪杰喜,想投戈,下拜真吾父。谈笑里,定齐鲁。

两河萧瑟惟狐兔。问当年,祖生去后,有人来否?多少新亭挥泪客,谁梦中原块土?算事业,须有人做。应笑书生心胆怯,向车中,闭置如新妇。空目送,塞鸿去。

——南宋·刘克庄

夫谋国用兵之道，有及时乘锐而可以立功者，有养威持重而后能有为者，二者之设施不同，其为忠一而已。方金人逼二帝北行，宗社失主，宗泽一呼，而河北义旅数十万众若响之赴声，实由泽之忠忱义气有以风动之，抑斯民目睹君父之陷于涂淖，孰无愤激之心哉。使当其时泽得勇往直前，无或龃龉牵制之，则反二帝，复旧都，特一指顾间耳。黄潜善、汪伯彦嫉能而慸功，使泽不得信其志，发愤而薨，岂不悲哉！

——《宋史》

宗泽、韩世忠，尽心以死命。

——明·李廷机

宗泽之忠勇，较师道尤过之，史称泽请高宗还汴，前后约二十余奏，均为黄潜善、汪伯彦所阻抑。抱诸葛之忧，罂亚夫之疾，高宗之不明，殆视蜀后主为更下乎？

——清·蔡东藩

李纲(1083年—1140年),北宋末、南宋初抗金名臣,民族英雄,字伯纪,号梁溪先生。李纲能诗文,写有不少爱国篇章,亦能词,其咏史之作,形象鲜明生动,风格沉雄劲健,著有《梁溪先生文集》《靖康传信录》《梁溪词》。

病牛

耕犁千亩实千箱,力尽筋疲谁复伤?
但得众生皆得饱,不辞羸病卧残阳。

简析

这首诗运用比喻和拟人手法,形象生动,立意高远,既是成功的咏物诗,更是杰出的言志诗,为后世传诵。诗的前两句写病牛耕耘千亩,换来了劳动成果装满千座粮仓的结果,但它自身却精神极为疲惫,力气全部耗尽,然而,又有谁来怜惜它力耕负重的劳苦呢?这里,作者从揭示病牛"耕犁千亩"与"实千箱"之间的因果关系上落笔,将病牛"力尽筋疲"与"谁复伤"加以对照,集中描写了病牛劳苦功高、筋疲力尽却不为人所同情的境遇。

诗的后两句笔锋陡地一转,转为述其志:"但得众生皆得饱,不辞羸病卧残阳。"病牛劳苦功高,筋疲力尽,却无人怜惜,但它没有怨天尤人,更未消极沉沦,因为它具有心甘情愿为众生的温饱而"羸病卧残阳"之志。这两句诗将病牛与"众生"联系起来写,以"但得"与"不辞"对举,强烈地抒发了病牛不辞羸病,一心向着众生的志向。结句中的"残阳"是双关语,既指夕阳,又象征病牛的晚年,它与"卧"等词语相结合,有助于表现老牛身体病弱却力耕负重、死而后已的精神。

感皇恩·九日菊花迟

九日菊花迟,茱萸却早。嫩蕊浓香自妍好。一簪华发,只恐西风吹帽。细看还遍插,人忘老。

千古此时,清欢多少。铁马台空但荒草。旅愁如海,须把金尊销了。暮天秋影碧,云如扫。

简析

这首诗作于重阳佳节,作者怀古追昔,却畅怀豁达,词风清丽。

生平故事

李纲于宋徽宗政和二年(1112年)进士及第,宋徽宗宣和七年(1125年)任太常少卿。

宣和七年(1125年)十月,金太宗完颜晟兴兵大举南侵。金军分兵两路,一路以完颜宗翰为帅,长驱直入,很快对太原形成包围之势;另一路以完颜宗望为帅,剑锋直指北宋都城汴京。

李纲画像

北宋朝廷顿时慌作一团,宋徽宗被来势汹汹的金兵吓破了胆,急急颁布诏令,任命太子赵桓为开封牧,自己好随时开溜。

时任太常少卿的李纲在国难当头之际,挺身而出,慨然上疏,献《御戎五策》,希望说服徽宗禅位于太子赵桓,以增强朝廷的凝聚力和号召力,招徕天下豪杰,拼死一战,守卫大宋的宗庙社稷。宋徽宗畏敌如虎,此时只想逃离这个险象环生之地,便顺水推舟,匆匆禅位给儿子赵桓,仓皇逃出开封。

宣和七年(1125年)十二月,赵桓受徽宗赵佶禅让登基,是为宋钦宗,改年号为靖康。

当完颜宗望率领的金兵渡过黄河的消息传来,朝廷又是一片惊慌,宋钦宗便准备弃城逃跑,李纲坚决予以阻止。太宰白时中说开封危在旦夕,不宜久留,李纲反诘道:"天下城池,岂有如都城者,且宗庙社稷、百官万民所在,舍此欲何之?"白时中揶揄道:"莫非你有领兵出战的本事?"李纲道:"如果陛下不以我懦弱无能,让我领兵,我自会以死相报!"

但钦宗生性懦弱,不顾李纲多次劝谏,还是决定弃城南逃。李纲闻讯赶来,见禁卫军已经穿上衣甲,整装待发,钦宗与后妃也即将登车出逃,知道此时再去劝谏钦宗已是无济于事。他急中生智,对着禁卫军高声喊道:"众将士们,你们是愿意坚守宗庙社稷,还是愿意跟随皇上弃城而去?"禁卫军将士父母亲人都在开封城中,没有一个人愿意离去,众口一词:"唯愿死守开封!"李纲入见钦宗,连连顿首说:"现在六军父母妻子皆在都城不愿远离,万一中道哗变,谁来守卫陛下?现在敌兵已经逼近了,如果在途中追上了陛下,陛下如何抵挡呢?"钦宗感悟,遂命辍行。李纲传旨左右说:"敢复有言去者斩!"

经过三次弃城与守城的挣扎,钦宗总算勉强留了下来,任命李纲为亲征行营使,李纲临危受命,率军修治守战器具,亲自登城督战,日随金鼓,夜不解甲,三军将士戮力同心,一次又一次将攻城金兵击退。

完颜宗望屡攻屡败,见城中已有充分防备,知道开封城难以强行攻取,转而改行议和诱降之计。见完颜宗望伸出了议和的橄榄枝,早被战争吓破了胆的钦宗迫不及待地与白时中、张邦昌、李邦彦等谋议向金人割地求和。割让太原、中山、河间三镇之后,完颜宗望撤兵。李纲遭到宋廷投降派大臣的排斥诬陷,于靖康元年(1126年)五月被逐出朝廷,后又被加上"专主战议,丧师费财"的罪名,先后被放谪到建昌军、夔州。

当年十二月,金兵再度卷土重来,第二次兵围开封,宋钦宗才如梦初醒,紧急任命李纲为资政殿大学士,领开封府事。其时,李纲停驻长沙,接到命令,便立即率领湖南勤王之师,昼夜兼程前往救援,尚未到达,开封城已被攻破。金兵烧杀奸淫,将开封城洗劫一空,掳掠徽、钦二帝呼啸而去。

靖康二年(1127年)五月,康王赵构在南京应天府(今河南商丘)即皇帝位,任命李纲为尚书右仆射兼中书侍郎(宰相)。李纲接到任命,迅速奔赴南京,殚精竭虑,为高宗筹划重整朝纲大计,组织抗金,并同朝中汪伯彦、黄潜善等投降派展开了尖锐斗争。

高宗召集大臣讨论如何处置张邦昌,黄潜善、颜岐等主张给张邦昌加官晋爵,委以重任,理由竟是"他很受金人的喜欢";其他一些大臣则模棱两可,首鼠两端;李纲的主张非常明确,张邦昌作为前朝重臣,一贯奴颜婢膝,向金人献媚,在徽、钦二帝被掳后被金人立为伪帝,罪该万死,并说:"臣不可与邦昌同列,当以笏击之。陛下必欲用邦昌,第罢臣。"宋高宗将张邦昌贬谪潭州。

李纲力主抗击金兵,收复失地,迎回二帝,重整山河。为加强防御,增强抗金斗争的力量,他推荐战功卓著的张所任河北招抚使、傅亮任河东经制副使;推荐屡建功勋、坚决抗战的老臣宗泽出任东京留守;还针对长期以来军政官吏腐败、赏罚不明等积弊,颁布了新军制,着手整顿军政,并建议在沿江、沿淮、沿河建置帅府,实行纵深防御。

然而,随着金兵铁蹄向中原的步步进逼,再加上朝中投降派大臣的蛊惑,高宗抗金的决心渐渐发生了动摇,又渐渐由动摇倒向了害怕和逃跑,要"去东南躲避",遭到李纲的强烈反对,李纲劝阻说:"陛下曾经降诏答应留在中原,人心悦服,奈何诏墨未干,遽失大信于天下!"

从此以后,高宗便日渐疏远李纲。更令李纲失望的是,他为了加强纵深防御而设立的河北招抚司、河东经制司竟被撤销,荐举的抗金将领张所、傅亮也被罢免,一系列抗金部署荡然无存。

身为宰相,所陈抗金大计不被采纳,力主革故鼎新却无法付诸实施,处处受投降派大臣掣肘,且无时无刻不处在他们的觊觎和构陷之中,像是一头被捆住了手脚的雄狮,空怀满腔抗金报国激情而难有作为,李纲愤而请求辞职。建炎元年(1127年)八月,李纲遭罢相,主政仅70天。

自李纲罢相,高宗便向东而逃,两河郡县相继沦陷,凡李纲所规划军民之政,一切废罢。金人攻京东、西,残毁关辅,而中原盗贼蜂起。

绍兴九年(1139年)正月,宋金议和,宋向金称臣纳贡。李纲忧愤成疾,于绍兴十年(1140年)病逝,追赠少师。淳熙十六年(1189年),特赠陇西郡开国公,谥忠定。

影响

在廷之臣,奋勇不顾、以身任天下之重者,李纲是也,所谓社稷之臣也。

——北宋·陈东

纲知有君父而不知有身,知天下之安危而不知身之有痼疾,虽以谗间窜斥濒九死,而爱国忧君之志终不可夺者,可谓一世伟人矣!

——南宋·朱熹

以李纲之贤,使得毕力殚虑于靖康、建炎间,莫或挠之,二帝何至于北行,而宋岂至为南渡之偏安哉?夫用君子则安,用小人则危,不易之理也。人情莫不喜安而恶危。然纲居相位仅七十日,其谋数不见用,独于黄潜善、汪伯彦、秦桧之言,信而任之,恒若不及,何高宗之见,与人殊哉?纲虽屡斥,忠诚不少贬,不以用舍为语默,若赤子之慕其母,怒呵犹嗷嗷焉挽其裳裾而从之。呜呼,中兴功业之不振,君子固归之天,若纲之心,其可谓非诸葛孔明之用心欤。

——《宋史》

进退一身关社稷,英灵千古镇湖山。

——清·林则徐

韩世忠(1089年—1151年),陕西省绥德县人,字良臣,两宋之际的名将,与岳飞、张俊、刘光世合称"中兴四将"。韩世忠英勇善战,胸怀韬略,在抗击西夏和金的战争中为宋朝立下了汗马功劳,而且在平定各地的叛乱中也做出了重大的贡献,是南宋一位颇有影响的人物。

题云居壁

芒鞋行杖是生涯,老鬓今年玩物华。

为爱云居松桧好,不须更看牡丹花。

简析

这首诗创作于韩世忠辞官归乡之后。有感于岳飞被杀,大好的抗金形势白白丢失,韩世忠辞官归乡,不问世事,求佛问道。这首《题云居壁》也能看出他在离开官场后,思想的一系列变化。

生平故事

元祐四年(1089年)十二月二十三日,韩世忠出生于延安一个普通农民家庭,少年时期就有过人的力气。入伍后,他作战勇敢,屡立战功,在河北一带坚持抗金斗争,官阶虽不高,所率兵马并不多,但是战无不胜,攻无不克,因此其威名震慑金兵。

靖康之变,开封城陷,宋徽宗和宋钦宗父子两人成了金兵的俘虏,赵构在南京(商丘)当了皇帝,是为宋高宗。赵构只图苟且偷安,在商丘就任之后,一路被金兵追击,从商丘跑到扬州,又从扬州跑到杭州,最后跑到海上去躲避金兵。在岳飞等大将的抵抗下,金兵退出江南,赵构又从海上返回杭州。

建炎三年(1129年)三月，将官苗傅、刘正彦对朝廷不满，发动兵变，逼高宗退位。吕颐浩约韩世忠、张浚等大将平息叛乱。最终，韩世忠救出高宗赵构，从此成了高宗的亲信，被任命为武胜军节度使、御营左军都统制。

建炎三年(1129年)十月，金兵再次南下，突破长江天险，攻破了建康(今南京)等重要城镇，躲在杭州的宋高宗赵构跟

韩世忠画像

随投降势力逃到了海上。镇江其时已处敌后，韩世忠领命仅率所部八千人急赴镇江。金兵在江南抢掠一番之后陆续退去。韩世忠驻守于松江、江湾、海口一带，听到金兵撤退的消息，立即分兵把守要地，准备乘机斩杀金兵。

兀术与韩世忠在江中会战。韩世忠利用金兵不习水战这一弱点，封锁长江，几次交战大败金兵，还活捉了兀术的女婿。兀术率十万兵马退入黄天荡，企图从这里过江北逃。

黄天荡是江中的一条断港，早已废置不用，有进无出。韩世忠见金兵误入歧途，就抓住这一难得的机会，待金兵进去之后，立即率兵封锁住出口。兀术率金兵被困于黄天荡内，进退无门。眼见十万士卒就要被饿死荡中，兀术派使者与韩世忠讲和，愿意把抢掠的财物全部送还，向韩世忠献宝马，以此为条件，换条退路，韩世忠一概不答应。

兀术只好重金悬赏求计,从一个汉奸那里买来了良策:黄天荡内有一条老鹳河,直通建康秦淮河,因常年不用而淤塞,派人挖通即可从水路逃出。兀术派人一夜之间挖通此河,企图从水道入建康。金兵途经牛头山,刚收复建康的岳飞在此处驻有军队,见敌人从这里出来,立即调集大军猛击,兀术只好退回黄天荡。

韩世忠派人打制铁索和铁钩,一遇敌船定要消灭。眼看金兵无计可施,只有等死,此时又有一个汉奸向金兵献策,教他们乘宋军扬帆行船之时,集中火箭射船帆,烧毁宋军战船,这样便可逃出黄天荡。兀术大喜,依计而行,果然有效,宋军船只被烧毁许多,金兵乘机冲出黄天荡,向北逃过长江,撤回黄河以北地区。

韩世忠仅用八千军队,困敌十万兵马于黄天荡,战四十八天,歼敌万余。此战意义非凡,激起了江淮人民的抗金情绪,使人民看到了金兵并不可怕。韩世忠大战黄天荡,其威武雄姿和将帅风范传遍江淮地区。

韩世忠坚决主张打过长江、打过黄河去,收复失地。绍兴十年(1140年),在金兵大肆南侵的形势下,韩世忠率领为数不多的军队包围了被金兵占领的淮阳,然后大败金兵主力于泇口镇。韩世忠因功被封为太保,封英国公,兼河南、河北诸路招讨使。

正当韩世忠招兵买马,扩大队伍准备大干一场之时,形势急转直下,投降派势力获得了宋高宗的支持,因为岳飞率领的抗金大军已在中原一带大得其势。宋高宗所担心的是一旦岳飞打败金兵,迎回他的父皇徽宗和哥哥钦宗,自己皇位不保。所以,在他的支持下,秦桧收了韩世忠、岳飞、张俊三位抗金大将的兵权,并一日之内连发十二道金牌,强令处在抗金最前线的岳飞罢兵回临安。因韩世忠对宋高宗有救驾之恩,因此升枢密使,明为升官,实为剥夺其兵权。

岳飞父子被捕下狱,秦桧独霸朝政,无人敢言,只有韩世忠当面直斥秦桧道:"岳飞父子何罪?为何将其关押?"秦桧答曰:"飞子云与张宪书,虽不明,其事体莫须有。"韩世忠愤然道:"'莫须有'三字何以服天下?!"

韩世忠见岳飞父子被处死,大好的抗金形势白白丧失,自己又无能为力,便毅然辞去枢密使的官职,终日借酒消愁,晚年喜释、老,自号清凉居士。绍兴二十一年(1151年),韩世忠以太师致仕,同日病故于临安,享年63岁。

影响

世忠忠勇,朕知其必能成功。

——南宋·宋高宗

自建炎以来,将士未尝与金人迎敌一战,今世忠连捷以挫其锋,厥功不细。

——南宋·沈与求

诸将中尤称韩世忠之忠勇,岳飞之沉鸷,可倚以大事。

——南宋·张浚

异时名相如赵鼎、张浚,名将如岳飞、韩世忠,此金人所惮也。

——南宋·杨万里

古人有言:"天下安,注意相;天下危,注意将。"宋靖康、建炎之际,天下安危之机也,勇略忠义如韩世忠而为将,是天以资宋之兴复也。方兀术渡江,惟世忠与之对阵,以闲暇示之。及刘豫废,中原人心动摇,世忠请乘时进兵,此机何可失也?高宗惟奸桧之言是听,使世忠不得尽展其才,和议成而宋事去矣。暮年退居行都,口不言兵,部曲旧将,不与相见,盖惩岳飞之事也。昔汉文帝思颇、牧于前代,宋有世忠而不善用,惜哉!

——《宋史》

宗泽韩世忠,尽心以死命。

——明·李廷机

韩蕲王一健斗将也,而忠志材气有古大臣风,晚节优游物外以智藏身,则庶几留文成。

——明·王世贞

得赵鼎、张浚为相,得岳飞、韩世忠为将,此正天子高宗以恢复之机,令其北向以图中原,不致终沦江左也。观岳飞之一出襄、汉,而六郡即平,观韩世忠之独扼江、淮,而二寇屡败。

——清·蔡东藩

张浚(1097年—1164年),字德远,汉州绵竹(今属四川)人,南宋宰相、抗金名将、民族英雄、学者,西汉留侯张良之后。张浚为宋徽宗政和八年(1118年)进士,历任枢密院编修官、侍御史、知枢密院事、川陕宣抚处置使、尚书右仆射同中书门下平章事兼知枢密院事、都督诸路军马等职。

阆中陈尧叟兄弟读书堂

三相当年镇庙堂,江山草木亦增光。

一时主宰权衡重,千古人间姓字香。

简析

阆中城南台星岩,即今人所谓"状元洞",有阆中人陈省华的三个儿子陈尧叟、陈尧佐、陈尧咨兄弟的读书堂。

陈省华父子四人皆进士,故称"一门四进士"。长子陈尧叟是端拱二年(989年)状元,次子陈尧佐与兄为同科进士,三子陈尧咨是咸平三年(1000年)状元,世称"三陈"。阆中城南台星岩有陈尧叟兄弟读书之所。

陈抟曾对陈省华预言说:"君三子皆当将相。"台星岩上刻有"三相堂"字。淳熙中,太守吴昭夫重新题匾为"将相堂"。

绍兴元年(1131)三月,川陕宣抚使张浚以富平之败上疏待罪,诏免。同年七月,张浚在行军中路过此地,留诗:"三相当年镇庙堂,江山草木亦增光。一时主宰权衡重,千古人间姓字香。"

生平故事

张浚21岁时考取进士,开始步入仕途。靖康元年(1126

年),金人立太宰张邦昌为大楚皇帝,张浚不甘屈服,逃入太学,保持气节。第二年,赵构称帝,张浚听说后驰赴南京,希望效力新朝,抗击金军。

"靖康之变"发生后,金人本已北去,当听说宋高宗称帝,又迅速挥师南下,要把新朝扼杀在萌芽之中。新皇帝宋高宗不思抗战,一味南逃,

张浚画像

还重用宦官,致使一个个重镇不断失守,大片土地拱手送给金人。建炎三年(1129年)二月,金军突袭宋高宗临时驻地扬州,宋高宗仓皇出逃,扬州随即失守。驻军于杭州奉国寺的武功大夫、鼎州团练使苗傅和御营副将军刘正彦发动兵变,逼迫宋高宗下台,史称"苗刘兵变"。在这千钧一发之际,张浚组织大将刘光世、韩世忠、张俊等率领所部勤王,宋高宗重新坐稳了帝位。

建炎三年(1129年)夏,张浚奔赴前线,置幕府于秦川,调研军情,罢斥奸赃,广揽豪杰,一时边关上下军纪整肃,号令严明,陕西前线战争形势一度有利于宋军。

张浚担心金军进攻东南,向宋高宗建议转守为攻以牵制金军。于是,在宋高宗的同意下,建炎四年(1130年)九月,张浚调集大军18万人,集结于富平,他坐镇邠州督战,准备向金军发起总攻。然而张浚到底缺少实战经验,此战宋军惨败。富平之战是南宋建立后与金军正面交锋的一次败仗,使南宋丧失了许多土地和战斗优势。张浚也因此战指挥失当,备受朝廷上下的批评。庆幸的是,此战失败之余,也牵制了金军主力,使其无法入

侵东南，保住了南宋半壁江山和南宋政权的稳定。所以，当张浚因富平之败向宋高宗请罪时，宋高宗没有处罚他，反而给予安慰和勉励，还加其官为检校少保、定国军节度使。

张浚经略西北多年，颇有建树，但他进退百官过于草率，尤其是以谋反之罪杀了名将曲端，朝廷上下

张浚画像

议论纷纷。于是，朝廷解除了张浚的兵权，让他以提举洞霄宫，赋闲于福州。

张浚赋闲不久，金军便与伪齐组成联军，杀奔江南。在这万分危急的关头，高宗赶紧把张浚召回，重新任他为知枢密院事，统领全军。

当时，金兀术率军10万驻扎扬州，全力以赴准备渡江南侵。重握帅印的张浚，马不停蹄，沿江巡视，又召集各军将帅刘光世、韩世忠、张俊、岳飞等人分析形势，讨论应对之策。经过紧张措置，宋军逐渐形成了有效的沿江防线。兀术打听到张浚再次领军，叹息道："张枢密贬岭南，怎么又到了这里呢？！"加上天气忽降大雪，粮草不足，金太宗又病危，兀术只得打消南侵计划，连夜拔营，匆匆撤兵北还。

金兀术撤退后，伪齐刘豫不断挥师南下，遭到南宋军民的强烈反抗，也吃了不少败仗。由于刘豫常败，金国对他开始失去信心，后来他南侵，金国不再出兵协助。

张浚在金和伪齐出现矛盾之时，觉得机会难得，决定北伐。他安排韩世忠领兵以图淮阳；安排岳飞进军襄阳以图中原；安排

刘光世驻扎合肥,张俊驻扎盱眙,杨沂中为其后翼。在张浚的精心布置下,南宋北伐之势形成。

绍兴六年(1136年),刘豫组织30万大军,打着金军的旗号,分三路南下伐宋。南宋闻报,上下战栗。张浚一方面请求宋高宗留在建康鼓舞士气,一方面又到前线检查防御情况,并要求前线将士:"今日之事,有进无退。"当赵鼎提出放弃庐南,撤回张俊、刘光世所部,集中兵力固守长江防线时,张浚又耐心做宋高宗和赵鼎的工作,使他们最终打消了逃跑的念头。接着,他火速赶到采石矶,阻挡军队渡江南逃,还告诫全军说:"有一人渡江者斩!"不久,刘光世、杨沂中等将领率军与伪齐交锋,大获全胜,打掉了伪齐的士气,其他地方的伪齐军遇见宋军便望风而逃,南宋获得了决定性的胜利。第二年,金国废掉了刘豫,取消了伪齐政权。

然而,尽管宋高宗也迫切希望收复失地,但在此过程中一些只可意会、不可言传的隐忧却让他耿耿于怀,徘徊不前。一方面,北伐一旦开始,必是集全国人力、物力、财力、军力孤注一掷,胜算多大,他心中没底;另一方面,一些战争中壮大的武将势力日渐抬头,远有老祖宗赵匡胤"陈桥兵变"的先例,后有他亲身经历的"苗刘兵变",他对军阀、藩镇势力不断坐大惧如猛虎,只要有机会,必定快速剪除。

宋高宗自登基之日起,便一直在主战与主和之间犹豫不决,而最终推动宋高宗彻底主和的事件就是发生在绍兴七年(1137年)的"淮西兵变"。在与伪齐对垒的过程中,由于兵骄日盛,在宋高宗的安排下,这年三月,张浚解去了刘光世的淮西军军权,将淮西军收为自己的都督府所辖,由都督府参谋、兵部尚书吕祉节制和统率,同时以刘光世的部将王德为都统制,郦琼为副都统制。

郦琼出身流寇，与王德积隙很深，而吕祉又是一介书生，难以服众，这种安排为兵变埋下了伏笔。不久，张浚意识到这样安排欠妥，打算召回郦琼，夺其兵权，谁知消息走漏，被郦琼得知。郦琼于当年八月发动兵变，杀死吕祉，迫使4万多淮西军投降当时还未被金废黜的刘豫，史称"淮西兵变"。兵变消息传来，举国震惊，张浚一时成为众矢之的，随即被罢相。当时，南宋总兵力才20余万，"淮西兵变"使南宋失去了一支关键力量，敌长我消，北伐更加难以提上议事日程了。

绍兴十一年（1141年），宋高宗解除了韩世忠、岳飞等将领的兵权，制造了岳飞冤狱，取得了与金和谈的资格，随后杀掉岳飞，正式与金签订《绍兴和议》。在满足了金国杀害抗金英雄以及向金称臣、割地、赔款等诸多屈辱条件之后，南宋得到了所谓的"和平"。自此，宋高宗任用秦桧为独相近20年，一直执行屈辱的乞和政策。"绍兴和议"之后，宋高宗把张浚贬谪到湖南、广东等地，前后放逐达20余年。

张浚一生行武，领兵千日，有誉有毁，有胜有败。但有一点，无论境遇升腾抑或贬谪，主战始终是他的态度，北伐始终是他的目标，其宏图大志，终生不变。他在临终前给儿子们留下遗言说："我曾出将入相，却始终不能收复中原，雪祖宗之耻。我死后，无颜葬于先人墓旁，你们把我安葬于衡山下就可以了。"

影响

久闻公名，今朝廷所恃惟公。朕倚公如长城，不容浮言摇夺。

——南宋·宋孝宗

浚有补天浴日之功,陛下有砺山带河之誓,君臣相信,古今无二。

——南宋·赵鼎

自吾入中国,未尝有敢撄吾锋者,独张枢密与我抗。我在,犹不能取蜀;我死,尔曹宜绝意,但务自保而已。

——金·完颜宗翰

公自幼即有济时之志,在京城中,亲见二帝"北狩",皇族系虏,生民涂炭,誓不与虏俱存。委质艰难之际,事有危疑,他人畏避退缩,公则慨然以身任之。不以死生动其心。南渡以来,士大夫往往唱为和说,其贤者则不过为保守江南之计。夷狄制命,率兽逼人,莫知其为大变。公独毅然以虏未灭为己责。必欲正人心,雪仇耻,复守宇,振遗黎,颠沛百罹,志逾金石。

——南宋·朱熹

岳飞(1103年—1142年),字鹏举,宋相州汤阴县(今河南安阳市汤阴县)人,中国历史上著名的军事家、战略家、民族英雄,位列南宋"中兴四将"之首。岳飞治军赏罚分明、纪律严整,又能体恤部属、以身作则,他率领的军队被称为"岳家军",号称"冻杀不拆屋,饿杀不打掳"。金人流传着"撼山易,撼岳家军难"的名句,表示对"岳家军"的最高赞誉。岳飞反对宋廷消极防御的战略,一贯主张积极进攻,以夺取抗金斗争的胜利,他是南宋初唯一组织大规模进攻战役的统帅。

池州翠微亭

经年尘土满征衣,特特寻芳上翠微。

好水好山看不足,马蹄催趁月明归。

简析

翠微亭,在今安徽贵池南边的齐山上,是唐代诗人杜牧在武宗会昌年间任池州刺史时建造的。

这是一首游记诗,主要记述登临池州翠微亭观览胜景的情形,表现了诗人对祖国山河的无限热爱之情。诗人从军后,为了保卫南宋残存的半壁河山,进而收复中原,披甲执锐,转战南北,长期奔波,把全部精力都投入到保卫国家的伟大事业之中。诗的开头一句正是对这种紧张军旅生活生动朴实的高度概括,长年累月地率领部队转战南北,根本没有时间游览和欣赏祖国的大好河山,愈是这样,愈盼望有朝一日能够有这样的一个机会。起笔一句就为下面内容的引出做了充分的渲染和铺垫,突出强调和反衬了这次出游的难得与可贵。

"特特",在这里有两层意思,一是当"特地"讲,起了强调、突出的作用,以承接首句意脉,一是指马蹄声,成为诗歌结尾一句的伏笔。对句实际上写了出游的方式(骑马)和到达的地点(翠微亭),从而起到了点题、破题的作用。诗的一、二句形成了波澜和对比,从而突出了这次出游的欣喜。

"好水好山看不足,马蹄催趁月明归",这两句并没有对看到的景色做具体细致的描述,而是着眼于主观感觉,用"好水好山"概括地写出了这次"寻芳"的感受。将秀丽的山水和优美的景色用最朴实、最通俗的"好"字来表达,既有主观的感受,又有高度的赞美,同时又用"看不足"表达自己对"好水好山"的喜爱和欣赏。

结尾一句则写了诗人为祖国壮丽的山河所陶醉,乐而忘返,直到夜幕降临,才在月光下骑马返回。"月明归",说明回返时间之晚,它同上句的"看不足"一起,充分写出了诗人对山水景色的无限热爱、无限留恋。岳飞之所以为自己的国家英勇战斗,同他如此热爱祖国的大好河山是密不可分的。诗的结尾两句正表现了作者对祖国山河特有的深厚感情。

满江红·登黄鹤楼有感

遥望中原,荒烟外、许多城郭。想当年、花遮柳护,凤楼龙阁。万岁山前珠翠绕,蓬壶殿里笙歌作。到而今、铁骑满郊畿,风尘恶。

兵安在?膏锋锷①。民安在?填沟壑②。叹江山如故,千村

---

① 膏:滋润,这里做被动词。锋:兵器的尖端。锷:剑刃。
② 沟壑:溪谷。这两句是说老百姓在哪儿呢?他们已因饥寒交迫而死,被填在溪谷中了。

寥落。何日请缨提锐旅①,一鞭直渡清河洛②。却归来、再续汉阳游,骑黄鹤。

简析

这首词写于南宋绍兴四年(1134年)作者出兵收复襄阳六州驻节鄂州(今湖北武昌)时,创作时间较《满江红·怒发冲冠》略早。

绍兴三年(1133年)十月,金朝傀儡刘豫的军队攻占南宋的襄阳、唐、邓、随、郢诸州府和信阳军,切断了南宋朝廷通向川陕的交通要道,也直接威胁到宋廷对湖南、湖北的统治安全。岳飞接连上书奏请收复襄阳六州,次年五月朝廷正式命岳飞统军出征。

由于军纪严明,士气高昂,部署运筹得当,岳家军在三个月内迅速收复了襄、邓六州,有力地保卫了长江中游的安全,打开了川陕与朝廷的交通要道。正在这大好时机,朝廷却要求岳飞收复六州,然后班师回朝,岳飞只得率部回到鄂州。岳飞凭借襄邓大捷仅32岁便被封为侯(武昌郡开国侯),但他并非贪图功名利禄之徒,念念不忘的是北伐大业。因此他仍不断上奏,要求选派精兵直捣中原,收复失地,以免坐失良机。在鄂州,岳飞到黄鹤楼登高,北望中原,写下了这样一首抒情感怀词。

这首词第一段写登黄鹤楼遥望北方失地,引起作者对故国

---

①缨:绳子。请缨:请求杀敌立功的机会。《汉书·终军传》记载终军向汉武帝"自请愿受长缨,必羁南越王而致之阙下"。
②河洛:黄河、洛水,这里泛指中原。这句是说哪一天能向皇帝请求,并得到他的命令率领精锐部队,挥鞭渡过长江,收复中原。

往昔"繁华"的回忆。"想当年、花遮柳护",极其简练地道出北宋汴京宫苑之风月繁荣。

第二段由"到而今"三字起笔(回应"想当年"),直到下片"千村寥落"句止,写北方遍布铁蹄的占领区,生活在水深火热中的人们的惨痛生活情景,与上段歌舞升平的景象形成强烈对比。"铁蹄满郊畿,风尘恶"二句,花柳楼阁、珠歌翠舞一扫而空,惊心动魄。过片处是两组自成问答的短句,"兵安在?膏锋锷""民安在,填沟壑",战士浴血奋战,却伤于锋刃,百姓饥寒交迫,无辜被戮,填于沟壑之中。作者恨不得立即统兵北上,救黎民于水火。

"叹江山如故,千村寥落",正有王导"当共戮力王室,克复神州"之志。所接二句直写作者心中夙愿——领军率队,直渡黄河,肃清金人,复我河山。这两句引用《汉书》终军请缨的典故,浑成无迹。"何日"正见出一种急切的心情。

最后三句,作者乐观地想象胜利后的欢乐。"却归来、再续汉阳游,骑黄鹤",表明了自己功成身退、不恋权位的心迹。

满江红·写怀

怒发冲冠,凭栏处、潇潇雨歇。抬望眼,仰天长啸,壮怀激烈。三十功名尘与土①,八千里路云和月②。莫等闲、白了少年头,空悲切。

靖康耻,犹未雪。臣子恨,何时灭!驾长车,踏破贺兰山缺。壮志饥餐胡虏肉,笑谈渴饮匈奴血。待从头、收拾旧山河,朝天阙。

---

①三十功名尘与土:年已三十,建立了一些功名,不过都微不足道。
②八千里路云和月:形容南征北战、路途遥远、披星戴月。

简析

  岳飞此词,激励着中华儿女的爱国心。

  "怒发冲冠"表明这是不共戴天的深仇大恨。独上高楼,纵目乾坤,俯仰六合,不禁热血满怀,沸腾激昂。而此时秋霖乍止,风澄烟净,光景自佳,翻助郁勃之怀,于是仰天长啸,以抒此万斛英雄壮志。"潇潇雨歇"四字,气度渊静,迥非浮词之叫嚣矣。

  开头凌云壮志,气势磅礴。"三十功名尘与土,八千里路云和月"十四个字,微微唱叹,如见将军抚膺自理半生悲绪,功名是我所期,岂与尘土同轻;驰驱何足言苦,堪随云月共赏。何等胸襟,何等识见!

  靖康之耻,指徽、钦两帝被掳,犹不得还。故下言臣子抱恨无穷,此恨何时得解?功名已委于尘土,三十已去。至此,将军自上片歇拍处发出"莫等闲、白了少年头,空悲切"之痛语,沉痛之笔,字字掷地有声。

  以下出奇语,寄壮怀,凛凛犹若神明。盖金人猖獗,荼毒中原,只畏岳家军,不啻闻风丧胆,故自将军而言,"匈奴"实不难灭。踏破"贺兰",黄龙直捣,并非夸饰自大之言也。"饥餐""渴饮"一联,不如此亦不足以畅其情、尽其势。

  "待从头、收拾旧山河,朝天阙",满腔悲愤,丹心碧血,倾出肺腑,即以文学家眼光论之,收拾全篇,神完气足。然而岳飞头未及白,金兵自陷困境,由于奸人谗害,宋王朝自弃战败。"莫须有"千古奇冤,闻者发指,岂复可望眼见他率领十万貔貅,与中原父老齐来朝拜天阙哉?千古令人泣下!

小重山·昨夜寒蛩不住鸣

昨夜寒蛩不住鸣。惊回千里梦①,已三更。起来独自绕阶行。人悄悄,帘外月胧明。

白首为功名。旧山松竹老,阻归程②。欲将心事付瑶琴③。知音少,弦断有谁听?

简析

上阕寓情于景,写作者思念中原、忧虑国事的心情。

前三句写作者梦见自己率部转战千里,收复故土,胜利挺进,实现"还我河山"的伟大抱负,兴奋不已,然而却寒蛩鸣,惊回梦中。后三句写梦醒后的失望和徘徊,反映了理想和现实的矛盾。以景物描写来烘托内心的孤寂,显得曲折委婉,寄寓壮志未酬的忧愤。

下阕抒写作者收复失地受阻、心事无人理解的苦闷。

前三句感叹岁月流逝,归乡无望。"阻归程"表面指山高水深,道路阻隔,难以归去,实际暗指对赵构、秦桧等屈辱求和、阻挠抗金斗争的不满和谴责。后三句用俞伯牙与钟子期的典故,表达自己处境孤危、缺少知音、深感寂寞的心境。

全词表现了作者不满"和议",反对投降,以及受掣肘时的惆怅,体现了作者强烈的爱国情感。

---

①千里梦:指梦回中原。
②归程:喻指收复失地。
③心事:抗金的主张。

生平故事

南宋是个朝廷懦弱、军力孱弱的朝代,却出现了岳飞这样历史上屈指可数的战略家、军事家,他被誉为两宋、辽、金、西夏时期最为优秀的军事统帅。

自"靖康之难"后,东京沦陷,徽、钦二帝被金朝虏获,康王赵构在应天府即位,是为宋高宗。赵构是整个宋朝最为阴暗无能的皇帝,这个自小在皇宫养尊处优的纨绔子弟,只知耽于享乐。迫于朝野一片抗金的声势,他不得不用一些主战派人

岳飞画像

物,诸如李纲、宗泽等人。而岳飞就是在这些主战派人士的手下,从一个籍籍无名的小兵一步步成长为一个令金兵"谈岳色变"的民族英雄的。

岳飞少年家贫,无钱读书,母亲姚氏以沙土为纸,以树枝为笔,教他识字。稍长,他拜名师周侗为师,学文练武,又随著名枪手陈广学习枪术。岳飞20岁入伍,同年父亲病故回家守孝,22

岁再次从戎,其母姚氏在其背上刺下"精忠报国"。岳飞牢记母训,奔赴抗金前线。二十年间,他外抗强敌,内扫叛乱,实为偏安一隅的南宋小朝廷的中流砥柱。

这位籍贯相州汤阴的民族英雄,具有完美的人格和文学修养,他的书法跟诗词,即使从纯文学观点上看,也是第一流作品。在那个军纪败坏到官兵跟盗匪没有分别的时代,岳飞兵团军纪森严,即使严冬深夜,士兵也宁愿露宿街头而拒绝进入民宅,使受惯残害的百姓从内心发出敬重。

岳飞一生戎马,大战小战共计 126 次,亲自指挥破敌的有 68 次,派遣部将破敌的有 58 次,无一败绩,是真正的百战百胜的常胜将军。战略上,岳飞首倡"连结河朔"的方略,通过联合黄河流域民间的抗金武装,切断金军的补给线;提出以襄阳为根据地,占领并巩固河北全境,然后徐图收复中原的战略。

南宋素有"中兴四大将"之说,指的是岳飞、韩世忠、刘光世、张俊,而所有南宋战将中,只有岳飞是进攻型的将帅。在南宋初

年,世人公认具备光复中原能力的人唯有岳飞。他的"岳家军"纪律严明,训练有素,"冻死不拆屋,饿死不掳掠"是"岳家军"的写照,"父母生我也易,公之保我也难"是老百姓的肺腑心声。

宋孝宗对岳霖(岳飞第三子)说:"卿家纪律、用兵之法,张、韩远不及。"其实,在川陕地区的吴玠也曾取得了和尚原与仙人关两次大捷,刘锜也取得了顺昌大捷,但这些战役无一不是防御性战役。韩世忠在黄天荡虽堵截了金朝大军,但最终却又失利,大仪镇之战也只是歼敌数百,此后韩世忠便基本上在淮东驻守。

岳飞书法作品

金朝上下对岳飞是既害怕又痛恨。郾城战役与颍昌战役,"岳家军"杀得金兵大败亏输,尸山血海,连金朝的统军使金吾上将军也被岳飞长子岳云阵斩。金兵哀叹:"撼山易,憾岳家军难。"甚至在岳飞死后二十年,金朝还流传着这样的话:"岳飞不死,大金灭矣"。

颍昌之战后,岳飞乘胜追击,在距离东京(开封)约四十里的朱仙镇扎营。金兵孤注一掷,倾全力与"岳家军"再战,结果仍是大败。金军只剩下两条路可走:要么被悉数全歼,要么渡过黄河向北退却。金军统帅完颜兀术下令放弃东京,准备夜渡黄河向北逃窜。"岳家军"上下信心倍增,岳飞慷慨说道:"直捣黄龙,与诸君痛饮耳。"

然而天不从人愿，正如一个无耻读书人对兀术说的那样："自古未有权臣在内，而大将能立功于外者，太子母走，岳少保马上要退兵了。"这时，汉奸鼻祖秦桧撺掇赵构，连下十二道金牌，严令岳飞班师回朝。

自从赵构登上皇帝宝座，他日夜恐惧的有两件事：一是恐惧他的哥哥赵桓被救回国，他的皇帝便做不成了；二是恐惧大将若太有号召力，万一再发生"陈桥式兵变"，他的皇帝同样也做不成。这是一个沉重的心理负担，但又无法说出口。而不久前才从金国逃回的御史中丞秦桧洞察他的肺腑，抓住赵构心理上的要害，提议跟金国和解。赵构大

岳飞书法作品

喜过望，任命秦桧为宰相，跟金国谈判议和。正当岳飞挺进朱仙镇时，谈判也进入重要阶段，在赵构派去议和的使者面前，金朝主政者提出"必杀飞，始可和"，并暗示如果赵构没有能力整顿内部，金帝国就把赵桓放回来，由赵桓整顿。赵构遂决心铲除岳飞，于是在一天之内连续颁发十二道命令，每道命令都用"金字牌"送达，用以造成严重压力，使岳飞不能反抗。

岳飞在接到第十二块金牌时，不能不退，否则就是叛变。他向拦在马前恳求不要撤退的民众垂泪说："十年准备反攻，呕尽

心血，而今一天之内化为乌有！"

十二道金牌令下达后，众将默然无语，岳飞也是深受打击，他问道："如今天下事竟如何？"众人面面相觑，独有张宪慨然回答："在于相公处置耳！"然而，岳飞终究没有勇气抗旨。

岳飞有感于在沦陷区的黎民百姓深受金朝压榨，过着非人的日子，苦不堪言，惨不忍睹；而十年心血化为乌有，他只能以愤而辞职来表达自己的不满。宋高宗在岳飞辞职后，下诏让他回朝，岳飞不奉召，赵构无法。后来皇后亲自动手绣了一对龙凤旌旗，中间绣成"精忠报国"四字，再写了一道懿旨，往召岳飞，岳飞这才回朝。岳飞回朝后，被削去兵权，调任闲职，君臣之间的裂痕越来越深。不合圣意，最终使得宋高宗向这个最有能力也最没有野心的军事统帅举起了屠刀，岳飞最终被秦桧以"莫须有"的罪名下狱。

1142年元月，岳飞被宋高宗赵构下令处死，年仅39岁，这是中国历史上最令人悲痛的冤狱之一，一同赴难的还有其长子岳云（年仅22岁）和爱将张宪。岳飞死前留下绝笔："天日昭昭，天日昭昭！"

岳飞的冤案直到1162年宋孝宗赵昚即位才得以平反。宋孝宗是南宋最想有所作为的皇帝，可是被太上皇赵构控制，一直都不能如愿。孝宗即位后下令对岳飞追复原官，以礼改葬；1178年，谥号武穆；宋宁宗时，又追封岳飞为鄂王；宋理宗时，再赠太师，改谥号为忠武。

人民的眼睛是雪亮的，千百年来，人们以各种形式来缅怀岳飞。岳飞逝去的当晚，便有一个名叫隗顺的狱卒将岳飞遗体背出城掩埋，并种上两棵橘树为记。直至几十年后，江苏、湖北等地的百姓依旧家家户户悬挂岳飞画像;文人墨客的诗词、文章层出不穷;岳飞庙宇在各地林立;至明代,人们更是在杭州西湖栖霞岭下的岳飞墓前用生铁铸造了秦桧夫妇的跪像,天长日久,风吹雨淋,铁像成烂铁,烂了又铸,铸了又烂,八百余年来奸臣的跪像竟重铸 12 次之多,可见民众心里对秦桧的痛恨。

影响

卿家纪律、用兵之法,张(俊)、韩(世忠)远不及。卿家冤枉,朕悉知之,天下共知其冤。

——南宋·宋孝宗

岳先生,我宋之吕尚也。建功树绩,载在史册,千百世后,如见其生。至于笔法,若云鹤游天,群鸿戏海,尤足见干城之选,而兼文学之长,当吾世谁能及之。

——南宋·文天祥

万死何知狱吏尊,威名盖代古难存。
二桃岂以功高赐,一舸不容身退论。
几见饮江思道济,缪为图像肖王敦。
沉碑千古蛟川恨,付与无穷客断魂。

——南宋·薛季宣

万古知心只老天,英雄堪恨复堪怜。
如公少缓须臾死,此虏安能八十年!
漠漠凝尘空偃月,堂堂遗像在凌烟。
早知埋骨西湖路,悔不鸱夷理钓船!

——南宋·叶绍翁

我来拜谒岳王坟,松柏苍苍上宿云。
臣子报君终一死,权奸卖国欲中分。
鹰扬当日谁能及,雁叫中原不可闻。
石马石人山寂寂,英雄于此忆将军。

——南宋·郑超

纯正不曲,书如其人。

——明·朱元璋

岳飞魂,是中华民族的精神代表,也就是民族魂。

——近代·孙中山

辛弃疾(1140年—1207年),字幼安,号稼轩,山东东路济南府历城县(今济南市历城区)人。南宋高宗绍兴三十一年(1161年)秋,金主完颜亮大举南侵,北方暴发了以耿京为首的农民起义。22岁的辛弃疾组织了两千余人的抗金队伍,率五十余人闯入金营,活捉张安国,并收拢义军残部万余人投归南宋。

南乡子·登京口北固亭有怀①

何处望神州?满眼风光北固楼。千古兴亡多少事?悠悠。不尽长江滚滚流。

年少万兜鍪,坐断东南战未休。天下英雄谁敌手?曹刘。生子当如孙仲谋。

简析

辛弃疾在1203年(宋宁宗嘉泰三年)被起用为知绍兴府兼浙东安抚使。第二年的三月,他被改派到镇江去做知府,登临京口(即镇江)北固亭,触景生情,不胜感慨系之。

此时南宋与金以淮河分界,辛弃疾站在长江之滨的北固亭上,翘首遥望江北金兵占领区,大有风景不再、山河变色之感。

想当年,在这江防战略要地,涌现多少英雄人物,三国时代的孙权就是其中最杰出的一位。他年纪轻轻就统率千军万马,雄踞东南一隅,奋发自强,战斗不息,何等英雄气概!据历史记载,孙权19岁继父兄之业统治江东,西征黄祖,北拒曹操,独据

---

①京口:今江苏省镇江市。北固亭:在今镇江市北固山上,下临长江,三面环水。

一方。赤壁之战大破曹兵，年方27岁。孙权"坐断东南"，形势与南宋极似，显然作者这样热情赞颂孙权，无疑是对苟且偷安、毫无作为的南宋朝廷的鞭挞。

《三国志·吴书·吴主传》注引《吴历》说：曹操有一次与孙权对垒，见吴军军容整肃，且孙权仪表堂堂、威风凛凛，乃喟然叹曰："生子当如孙仲谋，刘景升（刘表）儿子若豚犬耳！"一世之雄如曹操，对敢于与自己抗衡的强者投以敬佩的目光，而对于那种不战而降的懦夫，如刘景升儿子刘琮，则十分轻视，斥为豚犬。把大好江山拱手献给敌人，还要为敌人耻笑辱骂，这不就是历史上所有屈膝乞和、腼颜事仇、缺乏骨气的人共同的可悲命运吗？

南宋时的人，如此看重孙权，实是那个时代特有的社会心理的反映，因为南宋朝廷实在太萎靡庸碌了。"生子当如孙仲谋"这句话，代表了南宋人民要求奋发图强的时代呼声。

生平故事

辛弃疾出生时北方已沦陷于金人之手，他目睹了汉人在金人统治下所受的屈辱与痛苦，这一切使他在青少年时代就立下了收复中原、报国雪耻的志向。

绍兴三十一年（1161年），金主完颜亮大举南侵，在其后方的汉族人民由于不堪金人严苛的压榨，奋起反抗。21岁的辛弃疾也聚集了两千人，参加由耿京领导的一支声势浩大的起义军，并担任掌书记。当金人内部矛盾爆发，完颜亮在前线为部下所杀，金军向北撤退时，辛弃疾于绍兴三十二年（1162年）奉命南下与南宋朝廷联络。在完成使命归来的途中,他听到耿京被叛徒张安国所杀、义军溃散的消息,便率领五十多人袭击几万人的敌营,将叛徒擒拿带回建康,交给南宋朝廷处决(当街游行示众,后砍头)。辛弃疾在起义军中的表现,以及他惊人的勇气和果断,使他名重一时,"壮声英概,儒士为之兴起,圣天子一见三叹息"(洪迈《稼轩记》)。宋高宗任命他为江阴签判,从此开始了他在南宋的仕宦生涯,这时他才25岁。

辛弃疾初到南方时,对南宋朝廷的怯懦和畏缩并不了解,加上宋高宗赵构曾赞许过他的英勇行为,不久后即位的宋孝宗也一度表现出想要收复失地、报仇雪耻的锐气,所以他在南宋任职的前一时期,曾写了不少有关抗金北伐的建议书,像著名的《美芹十论》《九议》等。尽管这些建议书在当时深受人们称赞,广为传诵,但已经不愿意再打仗的朝廷却反应冷淡,只是对辛弃疾在建议书中所表现出的实际才干很感兴趣,于是先后把他派到江西、湖北、湖南等地担任转运使、安抚使一类重要的地方官职,去治理荒政、整顿治安。自此,辛弃疾在仕途上起落不定,再也无法实现自己征战沙场、收复失地的爱国理想。

影响

公一世之豪,以气节自负,以功业自许。

——南宋·范开

辛公文墨议论尤英伟磊落……笔势浩荡,智略辐辏,有权书衡论之风……呜呼,以孝皇之神武,及公盛壮之时,行其说而尽其才,纵未封狼居胥,岂遂置中原于度外哉……公所作大声鞺鞳,小声铿訇,横绝六合,扫空万古,自有苍生以来所无。其秾纤绵密者亦不在小晏秦郎之下。

——南宋·刘克庄

辛稼轩,词中之龙也!

——清·陈廷焯

(辛弃疾)是词中的第一大家。他的才气纵横,见解超脱,情感浓挚。

——现代·胡适

李庭芝(1219年—1276年),字祥甫,随地(今湖北随州)人,民族英雄,淳祐元年(1241年)进士,后知真州,累迁两淮安抚制置大使兼知扬州。后李庭芝被益王委以少保、左丞相的职务,遂转战到泰州,突围失败,被执殉难。

挽胡季昭二首

其一

玉李当春孟,公书以讣闻。但期同气骨,不作异乡坟。
岂料鳞音后,俄传蝶梦云。想教宁越水,恨不识朱云。

其二

绿鬓两科好,丹心一片忠。言言开国体,蹇蹇匪渠躬。
夜谓鸳行底,能持鲠论公。象台死得所,万古忆清风。

简析

胡季昱,即胡梦昱,字季昭,又字季汲,号竹林愚隐,吉水(今属江西)人,嘉定十年(1218年)进士,历南安县、都昌县主簿,中大法科,授峡州司法参军,除大理评事。宝庆元年(1225年),胡季昭因上疏讼济王冤,谪象州羁管。宝庆二年(1226年),移钦州,未行而卒,赠朝奉郎,谥刚简,桂林九贤祠将其列为九贤之一。本诗即胡季昭死后的挽诗,作者痛惜胡季昭的逝去,悼念深切。

生平故事

在南宋末年诸多名臣中,李庭芝是颇具作战才能和鲜明个性的一位。传说他出生的时候,家中屋顶长出了灵芝,因此得名李庭芝。

李庭芝18岁这一年,一位叫王昱的官员到他的家乡随州任职。李庭芝得知后,找到了他的几位叔伯说:"王昱这个人个性贪婪,平时又不善待下属。他手下的人早就和他貌合神离,过不了多久一定会犯上作乱,到时随州一定会有兵祸。"他的几位叔伯虽然将信将疑,但还是听从他的建议,举家迁到了德安。结果,不出十天,随州果然发生了兵乱,百姓死伤甚众,而李家全靠李庭芝先知先觉的洞察力才得以保全。

德祐二年(1276年)正月,元军攻破南宋都城临安,太皇太后谢氏携年仅5岁的宋恭帝降元。而此时,李庭芝尚在竭力镇守扬州城。一日,使者持太后的诏命来,劝他归降。李庭芝登上城楼,答道:"奉诏守城,未闻有诏谕降也!"不久后,又有使者前来传诏令说:"今吾(指太后)与嗣君既已臣伏,卿尚为谁守之?"良臣欲战而主君已降,此言恰恰道出了李庭芝辛酸的处境。而李庭芝的反应则出人意料,他命人朝着前来传达诏令的使者队伍射箭,有一名使者被射杀,其他人遂惊惧而去。这不禁使人联想到多年后陆秀夫背负幼帝投海前所说的话:"国事至此,陛下当为国死。德祐皇帝辱已甚,陛下不可再辱。"在他们二人心中,家国比君主更为珍贵,君王应与臣下共同守护家国,如果君王辱国降敌,那么臣下便也不用再听从君主的号令。三月,夏贵以淮南西路地降,阿术驱降兵到扬州城下让他们看,旌旗遍野,幕客中有用语言来试探李庭芝的,李庭芝说:"我只有一死而已。"阿术的使者拿着诏令来招降,李庭芝打开门让他进去后,就杀了他,把诏令放在城墙上烧了。而后,得知淮安州许文德、知盱眙军张思聪、知泗州刘兴祖都因为粮食耗尽而降,李庭芝想办法募集粮粟以供应军队,粟吃完后,又令官人出粟,粟又被吃尽,又令将校出粟,杂以牛皮、麸麯一起吃,还每天出来苦战。

景炎元年(1276年)七月,阿术请求赦免李庭芝焚烧诏令的罪行,要求他投降,并将诏令一起送来,李庭芝不接受。益王派遣使者以少保、左丞相的职务召回李庭芝,李庭芝令朱焕驻守扬州。朱焕以城降元,驱逐李庭芝的将士、妻子、儿女到泰州城下,副将孙贵、胡惟孝等开门投降。李庭芝听说扬州有变,跳赴莲池,因水浅而没有淹死,被抓住送到扬州,后遭杀害。

影响

吾相人多,无如李生者,其名位当过我。

——南宋·孟珙

李庭芝死于国难,其可悯哉!

——《宋史》

李庭芝老成谨重,军民安之。

——明·刘槃

陆秀夫（1236年—1279年），字君实，别号东江，楚州盐城长建里（今江苏省建湖县建阳镇）人，南宋左丞相，抗元名臣，与文天祥、张世杰并称为"宋末三杰"。崖山海战兵败后，陆秀夫负卫王投海而死。

鹤林寺

岁月未可尽，朝昏屡不眠。

窗前多古木，床上半残编。

放犊饮溪水，助僧耕种田。

寺门外断扫，分食愧农贤。

简析

《鹤林寺》是陆秀夫在16岁时所做的一首诗。那时，他正寄居在鹤林寺读书。此诗字里行间几乎读不到属于年轻人的放荡与洒脱，倒是"古木""残篇""朝夕不眠"等种种意象让人感到诗人对现实深深的忧惧，甚至还有几分老迈的苍凉。

生平故事

陆秀夫于宋理宗嘉熙二年（1238年）十月出生于楚州盐城（今江苏省境内）。陆秀夫出生时，他的家乡盐城已非太平之地，南宋后期疆域不断缩小，曾经位于东南腹地的盐城此时已是名副其实的边境。陆秀夫3岁时，父母举家迁到镇江。自此，陆秀夫一家人才过上了暂时的平静生活。

陆秀夫15岁参加乡举，因为成绩优异获得了贡补进入太学的资格。18岁时，他又以第一名的成绩通过省试，不久又进士及第。不过金榜题名之后,陆秀夫迟迟没有得到朝廷授予的官职,直到景定元年(1260年)进入抗元名臣李庭芝的幕府,陆秀夫才真正开始了他的报国之路。

在南宋末年诸多名臣中,李庭芝是颇具作战才能和鲜明个性的一位,也是陆秀夫人生中最重要的一位伯乐。景定元年(1260年),李庭芝镇守淮南,听说了陆秀夫的才能,便将他征辟进幕府。此时的李庭芝正广纳贤才,其帐下人才济济,号称"小朝廷"。初入李庭芝幕府的陆秀夫过得似乎并不顺遂,一方面因他

陆秀夫画像

才思清丽,其他人所不能及,故而多少有些恃才傲物;另一方面,他性格原本就沉静内向,对人情世故也不上心,故而每当与青年僚吏们相处,他总是显得不合群,即使在宾朋宴饮这样的快活场合,他也总是"矜庄终日",不愿与他人一起寻欢作乐。李庭芝开始留心观察这位沉默少年,发现他能把每个任务都处理得当。自此之后,李庭芝对陆秀夫尤为器重。

从景定元年(1260年)到咸淳九年(1273年),陆秀夫跟随李庭芝击败了李璮的进犯,还在短时间内帮助饱受战乱之苦的扬州进行了重建。

咸淳九年(1273年)初,号称南宋咽喉之地的襄阳至樊城防线,在历经6年的防御战之后失守。自此,南宋门户大开,临安

城危在旦夕。为了掩盖自己亲信的过失,奸相贾似道将战败的责任推给了支援襄樊的李庭芝。于是,李庭芝被褫夺官职,陆秀夫也因此赋闲。第二年,李庭芝再次被起用,任淮东制置使。而南宋局势又恶化了许多,此时度宗已死,年仅4岁的次子即位,是为宋恭帝。

一年中,南宋的诸多战略要地接连失守,而元军再次举重兵围困扬州。这一回,就连李庭芝帐下的众幕僚也觉得大势已去,纷纷请辞。当年颇具声势的"小朝廷",到了大难临头之时,也只剩了陆秀夫等几个人留下来。李庭芝感慨之余,上表推荐陆秀夫到朝廷任职。不久后,太皇太后谢氏与宋恭帝在临安降元,陆秀夫等人拥立宋恭帝的长兄、8岁的赵昰在福州即位。刚刚进入中央任职的陆秀夫,随即开始了随"流亡政府"四处漂泊的生涯。

1276年,元军追击南宋皇室,杨太后与皇帝赵昰、皇弟赵昺在陆秀夫、张世杰护卫下逃到南澳岛。度宗身后留下的3个幼子,次子宋恭帝为元军所虏,长子被立为皇帝后两年便不幸夭亡,如今只剩幼子赵昺。此前,所谓的"朝廷"已迁至海上,群臣"诛茅捧土为殿陛",宛若身处上古时代之朝堂。每逢朝会之时,陆秀夫总是"端笏盛服、未尝少怠",他大概是怕朝会的仪式一旦稍有疏忽,群臣便会失去敬仰之心。可即便如此,在9岁的端宗驾崩之时,众臣终究还是惶恐起来了。众人欲就此散去,而陆秀夫站出来说:"度宗皇帝一子尚在,将焉置之!古人有以一旅以成中兴者,今百官有司皆具,士卒数万,天若未欲绝宋,此岂不可以为国耶!"就这样,年仅8岁的赵昺被立为宋朝最后一任君主。同年六月,宋朝君臣迁往崖山,等待他们的是极为惨烈悲壮的最后时刻。

陆秀夫为两位小皇帝在海上颠沛流亡的事迹撰写了一部史书,记载了南宋最后岁月里无数仁人义士的壮举,将其交给了当时的礼部侍郎邓光荐,希望这一段故事可以传于后世。可惜的是,这部书最后淹没在滔天的海浪里,最终没能流传下来。

影响

紫宸黄阁共楼船,海气昏昏日月偏。
平地已无行在所,丹心犹数中兴年。
生藏鱼腹不见水,死抱龙髯直上天。
板荡纯臣有如此,流芳千古更无前。

——南宋·林景熙

秀夫才思清丽,一时文人少能及之。性沉静,不苟求人知。

——《宋史》

余观卷中所载,如谓陆秀夫殉国,家铉翁持节,汪水云赐还,实足以丑奸臣,壮义士。

——元末明初·瞿佑

当时有先兆曰:"擎天者,文天祥。捧日者,陆秀夫。"

——明·蒋一葵

文天祥(1236年—1283年),字履善,又字宋瑞,自号文山、浮休道人,吉州庐陵(今江西吉安县)人,南宋文学家,民族英雄,宝祐四年(1256年)进士,官至右丞相兼枢密史。德祐二年(1276年),他前往元军军营谈判被扣留,后脱险南归,坚持抗元。祥兴元年(1278年),文天祥兵败,被张弘范俘虏,在狱中坚持斗争三年多,后在柴市从容就义。他著有《文山诗集》《指南录》《指南后录》《正气歌》等作品。

端午即事

五月五日午,赠我一枝艾。故人不可见,新知万里外。
丹心照夙昔,鬓发日已改。我欲从灵均,三湘隔辽海。

简析

文天祥在德祐二年(1276年)出使元军被扣,在镇江逃脱后,不幸的是又一度被谣言所诬陷。为了表明心志,他愤然写下了这首《端午即事》。在本诗中,端午节欢愉的背后暗含着作者的一丝无奈,但是即使在这种境况下,他在内心深处仍然满怀着"丹心照夙昔"的壮志。这首诗塑造了一位像屈原一样为国奔波却壮志难申的士大夫形象。

过零丁洋

辛苦遭逢起一经,干戈寥落四周星。
山河破碎风飘絮,身世浮沉雨打萍。
惶恐滩头说惶恐,零丁洋里叹零丁。
人生自古谁无死?留取丹心照汗青。

简析

这首诗是文天祥被俘后为誓死明志而作。文天祥于宋末帝赵昺祥兴元年(1278年)十二月被元军所俘,囚于零丁洋的战船中。次年正月,元军都元帅张弘范攻打崖山,逼迫文天祥招降坚守崖山的宋军统帅张世杰。于是,文天祥写了这首《过零丁洋》。

一、二句诗人回顾平生,但限于篇幅,在写法上是举出入仕和兵败一首一尾两件事以概其余。中间四句紧承"干戈寥落",明确表达了作者对当前局势的认识:国家处于风雨飘摇中,亡国的悲剧已不可避免,个人命运就更难以说起。但面对这种巨变,诗人想到的不是个人的出路和前途,而是对两年前自己未能在军事上取得胜利感到深深的遗憾,同时也为自己的孤立无援感到格外痛心。我们从字里行间不难感受到作者面对国破家亡的剧痛与自责、自叹相交织的苍凉心绪。末两句则是身陷敌手的文天祥对自身命运的一种毫不犹豫的选择,这使得前面的感慨、遗恨平添了一种悲壮激昂的力量和底气,表现出独特的崇高美。

沁园春·题潮阳张许二公庙

为子死孝,为臣死忠,死又何妨。自光岳气分①,士无全节;君臣义缺,谁负刚肠。骂贼张巡,爱君许远,留取声名万古香。后来者,无二公之操②,百炼之钢。

人生翕歘③云亡,好烈烈轰轰做一场。使当时卖国,甘心降虏,受人唾骂,安得流芳。古庙幽沉,仪容俨雅,枯木寒鸦几夕

---

① 光岳:高大的山。光岳气分:指国土分裂,即亡国。
② 操:操守。
③ 翕歘(音唏嘘):即倏忽,如火光之一现。

阳。邮亭下①,有奸雄过此,仔细思量。

简析

唐玄宗天宝年间,安禄山起兵叛乱,张巡、许远在睢阳(今河南商丘)死拒叛兵,使江淮得一屏障,有力地支援了平叛战争。韩愈曾撰写《张中丞传后叙》,表彰张、许功烈事。后来潮州人为张、许建立祠庙,选址于县东郊东山山麓。南宋时,文天祥驻兵潮阳,拜谒张许庙,有感而发,作此词。

"为子死孝,为臣死忠,死又何妨",起笔突兀,如两个擎天大柱。子死于孝,臣死于忠,此二句蕴含着儒家思想。儒家认为孝之意义在于不忘生命之本源,是道德之根本。忠是孝的延伸,是大孝。

德祐二年(1276年)正月二十日,文天祥出使元营被扣留,次日谢太后派宰相贾余庆等赴元营奉降表,文天祥即抗节不屈,其《指南录·使北》有句曰:"初修降表我无名,不是随班拜舞人。谁遣附庸祈请使?要教索虏识忠臣。"人能死于忠孝,大本已立,"死又何妨",视死如归。以一段震古烁今之绝大议论起笔,下句遂转入盛赞张、许,"自光岳气分,士无全节;君臣义缺,谁负刚肠"。光有三光,月为五岳,安史乱起,降叛者众,其情痛极,然有张、许,堂堂正气,令人振奋。

"骂贼张巡,爱君许远,留取声名万古香",张、许二公,血战睢阳,至死不降。张巡每次与叛军交手大呼骂贼,眦裂血面,嚼齿皆碎,奈独木难撑。城池被攻陷后,张巡当面痛骂叛军,叛军

---

①邮亭:古代设在沿途供公家送文书及旅客歇宿的会馆。

用刀抉其口。许远是位宽厚长者,貌如其心。最终,两人从容就义。

"留取声名万古香",张、许肉躯虽死,但精神长存,语意高迈积极,突出张、许的取义成仁精神。"香"字表达出文天祥对二公无限的钦仰之情。"后来者,无二公之操","后来者"三字将词情从唐代一笔带至今日,当宋亡之际,叛国投降者不胜枚举,上自"臣妾佥名谢太清"之谢后,下至贾余庆之流,故文天祥如此感慨。"二公之操,百炼之钢",对仗歇拍,笔力精健。

"人生翕歘云亡。好烈烈轰轰做一场",紧承上意,更以绝大议论,衬出儒家人生哲学,和起笔相辉映。"翕歘"意为短促,人生匆匆,转眼即逝,更应当轰轰烈烈做一场为国为民之事业!"使当时卖国,甘心降虏,受人唾骂,安得流芳",假使当时张、许二公贪生怕死,卖国降虏,将受人唾骂,遗臭万年,焉能流芳百世?

"古庙幽沉,仪容俨雅,枯木寒鸦几夕阳",双庙庙貌幽邃深沉,二公塑像仪容庄严典雅,栩栩如生。枯木、寒鸦、夕阳,意味着无限流逝之时间,文天祥却以之写出精神生命之不朽,用自然物象之易衰易变,反衬出古庙之依然不改,仪容之栩栩如生。"邮亭下,有奸雄过此,仔细思量",面对浩然之二公,如有奸雄路过双庙,当愧然自省。

这首词在艺术上也达到很高的境界,正如王国维在《人间词话》中所评价的那样:"文文山词,风骨甚高,亦有境界……"

扬子江

几日随风北海游,回从扬子大江头。
臣心一片磁针石,不指南方不肯休。

简析

　　这首诗为明志诗,寥寥数语,表达诗人坚贞之志向,如同指南针一样不可改向。

正气歌

　　余囚北庭,坐一土室。室广八尺,深可四寻。单扉低小,白间短窄,污下而幽暗。当此夏日,诸气萃然:雨潦四集,浮动床几,时则为水气;涂泥半朝,蒸沤历澜,时则为土气;乍晴暴热,风道四塞,时则为日气;檐阴薪爨,助长炎虐,时则为火气;仓腐寄顿,陈陈逼人,时则为米气;骈肩杂遝,腥臊汗垢,时则为人气;或圊溷,或毁尸,或腐鼠,恶气杂出,时则为秽气。叠是数气,当之者鲜不为厉。而予以孱弱,俯仰其间,于兹二年矣,幸而无恙,是殆有养致然尔。然亦安知所养何哉?孟子曰:"吾善养吾浩然之气。"彼气有七,吾气有一,以一敌七,吾何患焉!况浩然者,乃天地之正气也,作正气歌一首。

　　天地有正气,杂然赋流形。下则为河岳,上则为日星。于人曰浩然,沛乎塞苍冥。皇路当清夷,含和吐明庭。时穷节乃见,一一垂丹青。在齐太史简,在晋董狐笔。在秦张良椎,在汉苏武节。为严将军头,为嵇侍中血。为张睢阳齿,为颜常山舌。或为辽东帽,清操厉冰雪。或为出师表,鬼神泣壮烈。或为渡江楫,慷慨吞胡羯。或为击贼笏,逆竖头破裂。是气所磅礴,凛烈万古存。当其贯日月,生死安足论。地维赖以立,天柱赖以尊。三纲实系命,道义为之根。嗟予遘阳九,隶也实不力。楚囚缨其冠,传车送穷北。鼎镬甘如饴,求之不可得。阴房阒鬼火,春院闭天黑。牛骥同一皂,鸡栖凤凰食。一朝蒙雾露,分作沟中瘠。如此再寒暑,百沴自辟易。嗟哉沮洳场,为我安乐国。岂有他缪巧,阴阳不能贼。顾此耿耿在,仰视浮云白。悠悠我心悲,苍天曷有极。哲人日已远,典刑在夙昔。风檐展书读,古道照颜色。

简析

宋末帝赵昺祥兴元年(1278年),文天祥在广东海丰兵败被俘,次年被押解至元大都(今北京)。元世祖忽必烈很赞赏文天祥的才干,他派已降的南宋恭帝及多批降臣前来劝诱,文天祥不为所动,严词拒绝,后于十月初五被关进兵马司牢房(在今府学胡同)。文天祥在狱中三年,受尽各种威逼利诱,但始终坚贞不屈。1281年夏,在湿热、腐臭的牢房中,文天祥写下了与《过零丁洋》一样名垂千古的《正气歌》。

该诗慷慨激昂,充分表现了文天祥坚贞不屈的爱国情操。1283年1月9日,在拒绝了元世祖最后一次利诱之后,文天祥在刑场向南拜祭,从容就义,其绝命辞写道:"孔曰成仁,孟曰取义,惟其义尽,所以仁至。读圣贤书,所学何事,而今而后,庶几无愧。"

生平故事

"时穷节乃现,一一垂丹青","节"是指一个人的气节操守,我国历史上有数不清的有气节的人物,文天祥是其中之一。文天祥生于宋理宗端平三年(1236年),据说他的父亲曾梦见一个婴儿脚踏紫云,所以最初为他取名云孙,等他长大后,又起了个字,叫天祥。

文天祥出生时,南宋和蒙古的战争已经拉开序幕,但战火尚未波及庐陵,和同时代的大多数人一样,文天祥走着读书参加科举这条人生道路。

宝祐四年(1256年),文天祥进入殿试。按照规定,前十名的考卷在主考官阅后,须皇帝确定名次。文天祥成绩名列第七,皇帝看到他试卷上的"天祥"二字,说了一句:"此天之祥,乃宋之瑞也。"将他擢为第一。于是,文天祥成了当年科举考试的状元。

文天祥画像

当时的宋朝,在蒙古强大的军事压力下已苦撑多年。宋度宗咸淳十年(1274年)六月,忽必烈下诏平宋,南宋政权危在旦夕。七月,宋度宗病死,宋恭帝即位,谢太后临朝称制,下诏勤王。文天祥变卖家产,招募义士,赶赴都城临安,应诏勤王。但是,朝中大臣对文天祥并不信任,命其前往平江府守卫,后因朝廷部署失策,平江府失守,才不得不召文天祥回到临安。

德祐二年(1276年)正月,元军围困临安。正月十八日,谢太后眼看大势已去,急忙遣使携带传国玉玺和皇帝降表向伯颜请降。当晚,右丞相陈宜中逃跑,其他主要官员也率兵撤离。第二天早晨,文天祥临危受命,出任右丞相,与左丞相吴坚等赴伯颜大营议和。

文天祥在伯颜面前慷慨陈词,据理力争。面对伯颜的恐吓,他面无惧色地回答:"吾乃南朝状元宰相,但欠一死报国,刀锯鼎镬,非所惧也!"

伯颜见文天祥不肯屈服,便将他扣留在军营中,其他大臣签订降书后于次日返回临安。之后,文天祥被押往大都,所幸于途中趁机逃脱。历尽艰险之后,文天祥泛海南下温州,辗转来到宋端宗赵昰的行宫驻地福州。

文天祥画像

不料,文天祥依然受到掌政者的排挤,只以同都督军马的身份组织军民抗元。文天祥到汀州后不久,福州失陷,他随之转战漳州、梅州一带。景炎二年(1277年)五月,文天祥率兵进入江西,在于都县大败元军,收复兴国、吉州等地,一时声威颇盛。但元军旋即大举反攻,文天祥的妻儿和幕僚被俘,他因有义士替身受捕才幸免于难。

祥兴元年(1278年),文天祥带领残部转战广东南岭一带。十二月,文天祥在广东海丰五坡岭不幸被俘,他吞药自尽未成,被押往崖山战场。

祥兴二年(1279年)正月,屯驻在崖山的南宋流亡政权准备与元军决一死战。崖山海战是南宋亡国的最后一战,宰相陆秀夫背负皇帝跳海自尽,诸臣随之纷纷投海,"死溺者数万人"。文天祥在元军海船上目睹南宋政权的彻底覆灭,恸哭不已。

崖山海战后,文天祥被押回广州。之后,元世祖忽必烈下诏以"谁家无忠臣"的理由,命张弘范善待文天祥,并将其押解大都。文天祥开始绝食,他计划七八天后将行至家乡吉州时,自己就可以饿死尽节、归葬故里了。但绝食八天后,文天祥依然未死,而故乡已过。此时,他才打消了绝食的念头。

被俘后,元将张弘范要他写信招降宋将张世杰,文天祥说:"我不能救国,难道还能教人叛国?"张弘范还是强迫他写,文天祥就写了一首《过零丁洋》,末两句是"人生自古谁无死,留取丹心照汗青"。张弘范只好作罢。崖山军溃,陆秀夫、张世杰殉国,宋亡。张弘范大会诸将庆功,劝文天祥说:宋已亡了,你的责任也尽了。要是你能够以事宋的忠心来事元,元朝的宰相不是你,还有谁呢?文天祥痛哭流涕,誓死拒绝。

文天祥是宋朝的状元宰相,声望很高。他前期一向生活豪侈,自奉甚厚,歌儿舞女不离左右。到了元军大举过江、临安危急的时候,他立刻改变生活方式,朴素节约,把所有家产都作为抗元军费,一心一意保卫家国,屡败屡起,毫不气馁,对当时的知识分子和爱国人民号召力很大。

至元十九年(1282年),有元朝大臣提出以儒学治国的主张,一时间朝野上下出现了让文天祥出仕的呼声。忽必烈对此也非常重视,曾问群臣:"南、北宰相谁贤?"群臣都说:"北人无如耶律楚材,南人无如文天祥。"于是,忽必烈考虑对文天祥委以大任,并派人再去劝降。文天祥坚决表示,自己绝不会尽弃平生,"遗臭于万年"。

忽必烈不杀文天祥,一是佩服其气节,二是爱慕其才能。不过,随着不少叛乱和反抗发生,忽必烈需要在文天祥的生死问题上有个了断。这一天,忽必烈在大殿召见文天祥,亲自出面劝降。文天祥面对忽必烈长揖不拜,忽必烈也不强行要求。面对忽必烈的"元朝宰相"许诺,文天祥回答:"我受宋朝三帝厚恩,号称状元宰相,今事二姓,非我所愿。"忽必烈追问:"所愿为何?"文天祥的回答简短而坚定："愿与一死足矣。"

至元十九年十二月初九(1283年1月9日),文天祥慷慨就义,时年47岁。文天祥死后,人们在他的衣带上发现了他的绝笔:"孔曰成仁,孟曰取义。惟其义尽,所以仁至。读圣贤书,所学何事？而今而后,庶几无愧！"

影响

体貌丰伟,美皙如玉,秀眉而长目,顾盼烨然。……宋三百余年,取士之科,莫盛于进士,进士莫盛于伦魁。自天祥死,世之好为高论者,谓科目不足以得伟人,岂其然乎！

——《宋史》

此天之祥,乃宋之瑞也。

——南宋·宋理宗

呜呼文山,遭宋之季。殉国亡身,舍生取义。气吞寰宇,诚感天地。陵谷变迁,世殊事异。坐卧小阁,困于羁系。正色直词,久而愈厉。难欺者心,可畏者天。宁正而毙,弗苟而全。南向再拜,含笑九泉。孤忠大节,万古攸传。载瞻遗像,清风凛然。

——明·于谦

天祥孤忠大节为宋臣,首按谥法；临患不忘国曰"忠",秉德遵业曰"烈",请谥曰"忠烈"。枋得仗节死义为天祥亚。

——明·陈循

今斯集也,传之天下后世之人,争先快睹,皆知是君之大义,守身之大节,不宜以成败利钝而少变。以扶天常,以植人纪,以沮乱臣贼子之心,而增志士仁人之气。其于世教,重有补焉。

——明·韩雍

　　昆陵忠义之名益著,忠义著而诸公之英声伟烈,震耀两间,人人知所景仰。吾辈又当以君之录达于朝行,将立庙奉祀,勒石颂功,隆一代崇褒之典,而大显扬于时,于以励高风,激颓俗,匪直有劝于常抑有劝于天后世是录有关于忠义大矣。

——明·胡华

　　文丞相甫冠奉廷对,即极口论国家大计。未几元兵渡江,又上书乞斩嬖近之主迁幸议者,以一人心安社稷,固已气盖天下矣。自是而断断焉,殚力竭谋,扶颠持危,以兴复为己任。虽险阻艰难,百挫千折,有进而无退,不幸国亡身执,而大义愈明。盖公志正才广,识远而器闳,浩然之气以为之主,而卒之其志弗遂者,盖以天命去宋也。虽天命去宋,而天理在公,必不可已。故宋亡其臣之杀身成仁者不少。论者必以公为称首公。

——明·杨士奇

　　北望中原涕泪多,胡尘惨淡汉山河。
　　盲风晦雨凄其夜,起读先生正气歌。

——现代·柳亚子

谢翱(1249年—1295年),南宋爱国诗人,"福安三贤"之一,字皋羽,一字皋父,号宋累,又号晞发子,原籍长溪人,徙建宁府浦城县(今属南平市浦城县)。恭宗德佑二年(1276年)文天祥开府延平,谢翱率乡兵数百人投之,任谘议参军。文天祥兵败,谢翱脱身避地浙东。

书文山卷后①

魂飞万里程,天地隔幽明。
死不从公死,生如无此生。
丹心浑未化,碧血已先成②。
无处堪挥泪,吾今变姓名。

简析

这是文天祥就义后不久,谢翱为他的诗文集题写的诗。

起句劈空而来,文天祥在历尽磨难之后,在大都(今北京)壮烈牺牲。文天祥殉国的不幸消息传来,谢翱肝胆俱裂,痛不欲生。在噩耗传来后,诗人产生了一个强烈的愿望,要飞越千山万水,到万里之外的北国去和死者见面。

当精魂不辞万里之遥,跋山涉水到达北国之后,却又"上穷碧落下黄泉,两处茫茫皆不见",再无相见之时。诗人悲不能已,痛哭着迸出了下面两句:"死不从公死,生如无此生。"忠臣死得其所,自己苟且偷生,又有什么意趣?

第三联转向正面写文天祥,如今耿耿丹心仍在,而英雄却带

---

①文山:文天祥。卷:这里指诗文集。
②碧血:语出《庄子·外物》"苌弘死于蜀,藏其血,三年而化为碧",后常以"丹心"和"碧血"并举,称颂为国死难人。

着未酬的壮志,含恨离开了人世。

然而在残酷的现实生活中,竟然没有可以发泄自己感情之处。伤心之泪,未能明流,只得暗吞"无处堪挥泪"的难以言说的隐痛。末句委婉地表示决心,自己将埋名隐姓,遁迹山林,决不与统治者合作。

过杭州故宫二首

其一

禾黍何人为守阍①,落花台殿暗销魂。
朝元阁下归来燕,不见前头鹦鹉言。

其二

紫云楼阁燕流霞④,今日凄凉佛子家⑤。
残照下山花雾散,万年枝⑥上挂袈裟。

简析

这两首诗是谢翱借山水和废殿抒发故国之思的名篇。昔日有桓桓武士秉钺持戟而守卫的宫阙,如今一片死寂;曾经是千官鹄立、花迎剑佩的地方,如今只见台荒殿冷,落花满地。通过这寥寥数语的景物描写,仿佛看到诗人吞声潜行、凄凉徘

---

① 禾黍(shǔ):禾与黍,泛指黍稷稻麦等粮食作物。《诗经·王风·黍离序》:"《黍离》,闵宗周也。周大夫行役至于宗周,过故宗庙宫室,尽为禾黍。闵宗周之颠覆,彷徨不忍去而作是诗也。"后以"禾黍"为悲悯故国破败或胜地废圮之典。守阍(hūn):看守宫门。阍,宫门。
④ 紫云:旧说象征祥瑞的云气。楼阁:泛指杭州故宫。燕:同"宴"。流霞:传说中天上神仙的饮料,泛指美酒。
⑤ 佛子家:佛寺。
⑥ 万年枝:即冬青树。

徊的身影,感受到他那浓重的感伤情绪,寄寓了诗人的沉痛怨恨。

生平故事

宋德佑二年(1276)正月,元兵攻陷临安。五月,宋端宗在福州即位,改元景炎。七月,右丞相文天祥改任枢密使、同都督诸路兵马,传檄各州、郡,举兵勤王。谢翱献出全部家产,并招募乡兵数百人,到南剑州(今南平)投奔文天祥,被委为谘议参军。翌年,元兵由浙入闽,谢翱跟随文天祥抗击元军,转战于闽西龙岩、广东梅县(今梅州市梅县区)、江西会昌等地。文天祥兵败撤退,在赣州章水上与谢翱握别时,曾赠予谢翱一方端砚。不久,元军占领江西,谢翱离开赣州,潜回祖籍浦城务农。

谢翱画像

至元二十一年(1284),江南元僧杨琏真伽挖掘南宋八位皇帝及诸皇后墓,盗取殉葬珍宝,并以遗骨修建镇南塔,并将所得金银、宝器用于修建天衣寺。他们把在会稽的南宋历代帝王后妃的陵墓全部发掘,把剩骨残骸抛弃在草莽中,惨状目不忍睹,但无人敢去拾取。谢翱协助会稽山阴人唐珏、温州平阳人林景熙伪装成采药者,冒险用他人骸骨暗中换取宋高宗、孝宗遗骨,又以重金请渔人网获被元兵抛到湖中的宋理宗颅骨,将之转至绍兴兰亭山安葬。葬毕,移来宋故宫的冬青树种于墓上,作为标志。谢翱作《冬青树引》云:"愿君此心无所移,此树终有开花时!"以此表达他抗元复国的信心。

至元二十七年(1290年),谢翱登严子陵钓台,设文天祥牌位于荒亭隅,以竹如意击石,歌招魂之词曰:"魂朝往兮何极,莫来归兮关塞黑,化为朱鸟兮有咮焉食。"亡国之痛溢于言表,歌罢竹石俱碎。同时,谢翱除这篇著名的《登西台恸哭记》,同时期所作《哭所知》《西台哭所思》《哭广信谢公》等,也都是哀悼故国和亡友的泣血吞声之作。

影响

尚记蝉声过别枝,韶卿亦与谢翱期。

流风莫叹诸方尽,五字重吟铁马诗。

——明·胡应麟

南宋末,文体卑弱,独翱诗文桀骜有奇气,而节概亦卓然可观。

——清·纪昀

刘基(1311年—1375年),字伯温,元末明初杰出的军事谋略家、政治家、文学家和思想家,明朝开国元勋,青田县南田乡(今浙江省文成县)人,故时人称他刘青田。刘基通经史,晓天文,精兵法,他辅佐朱元璋完成帝业、开创明朝并尽力保持国家的安定,因而驰名天下,被后人比作诸葛武侯。朱元璋多次称刘基为"吾之子房也"。

北风行

城外萧萧北风起,城上健儿吹落耳。
将军玉帐貂鼠衣,手持酒杯看雪飞。

简析

第一句中"萧萧"说明风很大,而且很冷。冷到什么程度呢?冷到连耳朵都快被萧萧寒风吹落。第二句紧接着写了守城将士在此种恶劣环境下的状况,作者再次突出天气之寒冷,将军在帐篷中都还要穿着貂鼠大衣才能御寒。在这时候,将军面对这样的天气和环境也只能持酒望着帐外飞雪而已。

全诗通过对这种恶劣天气和环境的描写,对将士们的反应的刻画,表现了将士们行军打仗的艰辛,也从侧面表达了作者对战争的批判和对将士们的怜爱之情。

题太公钓渭图

璇室群酣夜,璜溪独钓时。浮云看富贵,流水淡须眉。

偶应非熊兆①,尊为帝者师。轩裳如固有②,千载起人思。

简析

此诗是作者在鉴赏《太公钓渭图》时,触画生情而作,即通过反思姜太公在璜溪独钓以及姜太公与周文王的君臣际遇,抒发自己怀命世之才而不遇的忧思。

"璇室群酣夜",看似在写纣王和妲己在鹿台好酒淫乐的"酒池肉林"场面,而实质却是淋漓尽致地鞭挞元顺帝与亲信大臣等在宫中"相与亵狎"的丑声秽行。

"璜溪独钓时",是写姜太公动心忍性、观察风云,等待让自己实现远大抱负的明君出现。

"偶应非熊兆,尊为帝者师",便是一个家喻户晓的君臣际遇典故——姜太公遇周文王。姜太公与周文王的君臣际遇,是作者日思夜想的,怎能不引起作者怀才不遇的踌躇思绪呢?于是作者写下了千古绝叹——"轩裳如固有,千载起人思"。

生平故事

刘基聪慧过人,12岁考中秀才,乡间父老皆称其为"神童"。17岁,他离开府学,师从处州名士郑复初,学程朱理学。郑复初在一次拜访中对刘基的父亲夸赞说:"这个孩子如此出众,将来

---

① 偶应句:相传周文王将出猎,使人占卜曰:"将大获,非熊非罴,天遣汝师以佐昌。"果然出猎时遇吕尚于渭水之滨。本句意为偶然间应合了文王非熊的梦兆。
② 轩裳句:轩为车,裳为衣。轩裳指卿大夫所用的车与衣。本句说当太公官高位贵时,又像本来就拥有它们一样。

一定能光大你家的门楣。"

刘基博览群书，诸子百家无一不窥，对天文地理、兵法数学更有特殊爱好，潜心钻研奇门遁甲之术，掌握了丰富的奇门斗数知识，大家都说他有魏征、诸葛孔明之才。

元统元年（1333 年），23 岁的刘基赴元朝京城大都参加会试，一举考中进士，被元朝政府授为江西高

刘基画像

安县丞（正八品），协助县令处理政务，后出任江浙儒副提举，兼任行省考试官。因上司责难，他上书辞官，隐居于蛟溪书屋，以开办私塾为生。

至正二十年（1360 年），朱元璋将刘基请至应天（今南京），委任他为谋臣，辅佐自己集中兵力先后灭陈友谅、张士诚等势力。刘基建议朱元璋一方面脱离"小明王"韩林儿自立势力，另一方面以"大明"为国号来招揽天下义师。

此时，陈友谅攻陷太平，意欲东向，气焰嚣张。朱元璋帐下各位大将，有的劝朱元璋投降，有的认为必须避其锋芒，再据守南京。刘基认为，陈友谅骄气冲溢，可诱其入伏，一举重创之，灭其锐气。

对于消灭陈友谅和张士诚的先后问题，刘基正确分析了当时的军事形势，提出先灭陈友谅再取张士诚的正确建议，为朱元璋歼灭群雄起了决定性的作用。

在朱元璋灭元的历程中，刘基共参与军机八年，筹划全局，参与制定朱元璋的灭元方略，并得以实现。在辅助朱元璋消灭

群雄、推翻元朝、建立明朝的历史活动中,刘基发挥了智囊的作用,做出了巨大的贡献。

朱元璋即皇帝位后,中书省都事李彬因贪图私利,纵容下属而被刘基治罪。李善长一向私宠李彬,故请求从宽发落,刘基不听,并派人骑马速报太祖。得到批准,刘基便在祈雨时将李彬斩首。因为这件事,刘基与李善长开始不和。太祖返京后,李善长便向太祖告状,说刘基在坛土遗下杀人是不敬之举。那些平时怨恨刘基的人也纷纷诬陷他,刘基请辞还乡。

此时太祖正在营造中都,又积极准备消灭扩廓。刘基临走上奏说:"凤阳虽是皇上的故乡,但不宜作为建都之地。王保保不可轻视。"不久,定西之役失利,扩廓逃往沙漠,从那时起一直成为边患。这年冬天,太祖亲自下诏,叙说刘基征伐之功,召他赴京,赏赐甚厚,追赠刘基的祖父、父亲为永嘉郡公,并多次要给刘基晋爵,刘基都固辞不受。

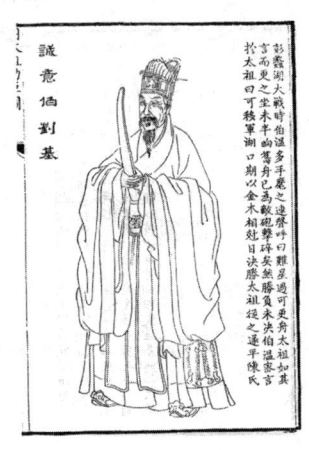

朱元璋因事要责罚丞相李善长,刘基劝说道:"他虽有过失,但功劳很大,威望颇高,能调和诸将。"太祖说:"他三番两次想要加害于你,你还设身处地为他着想?我想改任你为丞相。"刘基叩首说道:"这怎么行呢?更换丞相如同更换梁柱,必须用粗壮结实的大木,如用细木,房屋就会立即倒塌。"

后来,李善长辞官归居,太祖想任命杨宪为丞相,杨宪平日待刘基很好,可刘基却极力反对,说:"杨宪具备当丞相的才能,却没有做丞相的气量。为相之人,须保持像水一样平静的心情,将义理作为权衡事情的标准,而不能掺杂自己的主观意见,杨宪就做不到这点。"太祖又问汪广洋如何,刘基回答:"他的气量比杨宪更狭窄。"太祖接着问胡惟庸,刘基又回答道:"丞相好比驾车的马,我担心他会将马车弄翻。"太祖于是说道:"我的丞相确实只有先生你最合适了。"刘基谢绝说:"我太嫉恶如仇了,又不耐烦处理繁杂事务,如果勉强承担这一重任,恐怕要辜负皇上委托。天下何患无才,皇上留心物色就是了。这几个人确实不适合担任丞相之职。"后来,杨宪、汪广洋、胡惟庸都因事获罪。

洪武三年(1370年),太祖授刘基为弘文馆学士。十一月,太祖大封功臣,又授刘基为开国翊运守正文臣、资善大夫、上护军,封诚意伯,食禄二百四十石。第二年,太祖赐刘基还归家乡。

1513年(明武宗正德八年),朝廷赠他为太师,谥号文成。1531年(明世宗嘉靖十年),因刑部郎中李瑜的建言,朝廷再度讨论刘基的功绩,认为他应该和徐达等开国功臣一样,配享太庙。

影响

(刘基)学贯天人,资兼文武;其气刚正,其才宏博。议论之顷,驰骋乎千古;扰攘之际,控御乎一方。慷慨见予,首陈远略;经邦纲目,用兵后先。卿能言之,朕能审而用之,式克至于今日。凡所建明,悉有成效。

——明·朱元璋

子房之策,不见辞章;玄龄之文,仅存符檄。未见树开国之勋业而兼传世之文章如公者。公可谓千古之人豪矣!

——明·杨守陈

所为文章,气昌而奇,与宋濂并为一代之宗。

——《明史》

时势造英雄,帷幄奇谋,功冠有明一代。

——现代·蔡元培

徐达(1332年—1385年),字天德,濠州钟离(今安徽凤阳东北)人,明朝开国军事统帅。元末,他跟随朱元璋东征西讨。1367年,徐达率军消灭张士诚地方割据势力,同年任征虏大将军,与副将军常遇春一起挥师北伐中原。1368年,徐达率军攻入大都(今北京),元朝灭亡,其后又连年出兵打击元朝残余势力。他为人谨慎,善于治军,为明朝开国第一功臣,死后被追封为中山王。

澜渡秋声

一道卉流下碧湍,西风激浪响潺匕。

此时莫人吟翁耳,正送将军海上还。

简析

一道明亮的流瀑在青翠的山中急湍而下,在西风激浪里哗哗作响,这时的景色并非是给人吟风弄月的,而是为了送将军出征凯旋以壮行色与声威的。诗写得质朴豪迈,颇合诗人身份。

生平故事

徐达,大明朝开国第一功臣,出生于一个世代种田的农民家庭,小时曾和朱元璋一起放过牛。元朝末年,他目睹政治黑暗,民不聊生,慨然有济世之志。元末农民战争爆发后,在郭子兴起义军中当小军官的朱元璋回乡招兵,徐达仗剑往从,从此开始了戎马倥偬的军事生涯。

投奔朱元璋后,徐达不仅作战勇敢,且时时以成就霸业的方法进言朱元璋,协助朱元璋收编了定远的几支地主武装,攻占滁、和等地,被朱元璋授为镇抚,地位在诸宿将之上。此时,朱元璋只不过是郭子兴手下的一名首领，很多将领都是朱元璋的平辈，不肯当他的下属，而徐达与汤和等人则对朱元璋令出必行，帮助他逐步树立威信。

不久，郭子兴与另一首领孙德崖发生冲突，拘捕了孙德崖，而孙之部众则扣留了朱元璋。徐达挺身而出，到孙德崖军中去做人质，换回朱元璋。直到郭子兴释放孙德崖后，他才被放出来。朱元璋因此对他非

徐达画像

常感激，也更加信任他。郭子兴病逝后，朱元璋执掌全军大权，挥师南渡长江，攻占采石、太平，谋攻集庆，徐达成为朱元璋最倚重的一员战将。

此后，他统兵平定江汉，廓清淮楚，击灭陈友谅势力，升任总兵官、大将军；又迅速荡平西浙，攻占平江，消灭张士诚势力；后受命为征虏大将军，率师北伐，席卷中原，克复大都，声威所震，直达塞外，完成了推翻元朝、统一北方的重任。

徐达治军严明，不仅要求部下听从号令指挥，而且严禁他们骚扰百姓，有违令扰民者，必杀之。他还注意优待俘虏，以分化瓦解敌人。凡是俘获敌军将士和间谍密探，他都结以恩义，收为己用。所以他带兵出征，特别是在率军北伐过程中，经常出现"大军勘定者犹少，先声归命者更多"的局面。

徐达以智勇之资负柱石之任，为明王朝的开创立下了盖世之功。明朝建立后，朱元璋授其为太傅、中书右丞相，后封魏国

公,并以其长女为燕王妃,次女为代王妃,三女为安王妃。尽管劳苦功高、地位显赫,但徐达依然谦虚处世,从不居功自傲。每次功成而还,他都拜上印绶,待命于家,略无几微矜伐之色。

尤其难能可贵的是,徐达能摆脱乡土观念的羁绊,不和同乡拉帮结派,没有卷进淮西集团的是非之争。淮西集团的骨干胡惟庸见徐达功劳大,威信高,欲结好于徐达,徐达根本不加理睬。胡惟庸又贿赂徐达的守门人福寿,希望能够拉拢徐达,福寿向徐达告发,徐达便不时提醒朱元璋:胡惟庸这种人不适合当丞相。后来,胡惟庸因谋反被杀,朱元璋想起徐达的话,对徐达更加推重。

尽管徐达对朱元璋忠心耿耿,恭慎有加,但仍然未能消除朱元璋对他的怀疑和猜忌。但是不管朱元璋如何猜忌,徐达毕竟在政治上忠诚不二,经济上不贪不占,生活上十分检点,没有任何把柄可抓,从而避免了"走狗烹"的厄运。流传极广的所谓朱元璋赐蒸鹅害死徐达的说法,正如赵翼所说是"传闻无稽之谈"。徐达和刘基是洪武朝少数得以获终天年的大臣。

洪武十八年(1385年)二月,徐达病逝,享年54岁。朱元璋追封他为中山王,赐谥武宁,赐葬于南京钟山之阴,并亲为之撰写神道碑,赞扬他"忠志无疵,昭明乎日月",后配享太庙,塑像祭于功臣庙,位皆第一。

影响

破虏平蛮,功贯古今人第一。

出将入相,才兼文武世无双。

——明·朱元璋

受命而出,成功而旋,不矜不伐,妇女无所爱,财宝无所取,中正无疵,昭明乎日月,大将军一人而已。

——《明史》

湖边杨柳树,湖上芙蓉花。石城横塘路,云是莫愁家。
湖碧花逾香,花红水犹腻。将波作镜奁,想见莫愁媚。
头有苏合香,居有郁金堂。河水向东流,湖波自夕阳。
送欢下扬州,吴头复楚尾。一日湖上心,千古秦淮水。
湖上有高楼,有子名阿侯。输与中山王,天子亦无愁。

——清·洪缥

韩彭合邓贾,未足与公班。翊运精诚动,成功意气间。
余三开大漠,此墓称钟山。六代群丘垄,樵人晚唱还。

——清·潘德舆

于谦(1398年—1457年),字廷益,号节庵,官至少保,世称于少保,明朝浙江钱塘县(今浙江省杭州市)人,因参与平定汉王朱高煦谋反有功,得到明宣宗器重,担任山西河南巡抚。土木之变后,英宗被俘,郕王朱祁钰监国,擢于谦为兵部尚书。瓦剌兵逼京师,于谦督战,击退之,论功加封少保,总督军务,终迫也先遣使议和,使英宗得归。天顺元年(1457年),于谦因"谋逆"罪被冤杀,谥曰忠肃。于谦与岳飞、张煌言并称"西湖三杰"。

北风吹

北风吹,吹我庭前柏树枝。树坚不怕风吹动,节操棱棱还自持,冰霜历尽心不移。况复阳和景渐宜,闲花野草尚葳蕤,风吹柏枝将何为?北风吹,能几时!

简析

这首诗以柏树自况,表明了自己坚贞的节操和不屈的品格,更表达了对敌人的蔑视。

观 书

书卷多情似故人,晨昏忧乐每相亲。
眼前直下三千字,胸次全无一点尘。
活水源流随处满,东风花柳逐时新。
金鞍玉勒寻芳客,未信我庐别有春。

简析

诗的首联将书卷比作感情深厚的老朋友,每日从早到晚和自己形影相随,形象地描写了诗人读书不倦、乐在其中的状态。

领联用夸张、比喻手法写诗人读书的情态。"眼前直下三千字",表现出诗人如饥似渴的读书状态。"胸次全无一点尘",指胸无杂念。颈联用典故说明勤读书的好处。"活水",化用朱熹《观书有感》"问渠那得清如许,为有源头活水来"句,是说坚持经常读书,就像池塘不断有活水注入,不断学到新的知识,永远清澈。"东风"句是说勤奋攻读,不断增长新知,就像东风催开百花,染绿柳枝一样,其乐趣令人心旷神怡。尾联以贵公子反衬,显示读书人书房四季如春的胜景。

书庐思接千载,视通万里,这美好之情之境,岂是那些耽于玩乐的"金鞍玉勒"之客可以领略的!

过菊江亭①

杖履逍遥五柳旁②,一辞独擅晋文章③。
黄花本是无情物,也共先生晚节香。

简析

这首诗写菊花,盛赞了菊花的高洁品质。前两句是说陶渊明对菊花的喜爱,后两句是说诗人自己对菊花的共情。

石灰吟

千锤万凿出深山,烈火焚烧若等闲。
粉身碎骨浑不怕,要留清白在人间。

---

① 菊江亭:在今东至县东流滨江处,晋时属江西彭泽。陶渊明任彭泽县令时,常来此植菊。
② 杖履:扶杖漫步。五柳:陶宅边种有五棵柳树。
③ 一辞:指《归去来兮辞》。

简析

这是一首托物言志诗,作者以石灰做比喻,表达自己为国尽忠、不怕牺牲的意愿和坚守高洁情操的决心。

咏物诗若不寄寓作者的深意,那就没有多大价值。这首诗的价值就在于诗人以石灰自喻,咏石灰即是咏自己磊落的襟怀和崇高的人格。

首句"千锤万凿出深山"是形容开采石灰石很不容易,次句"烈火焚烧若等闲"象征着志士仁人无论面临着怎样严峻的考验,都从容不迫,视若等闲。

后两句也是于谦一生的写照。于谦为官廉洁正直,曾平反冤狱、救灾赈荒,深受百姓爱戴。明英宗时,瓦剌入侵,明英宗被俘,于谦议立明景帝,亲自率兵固守北京,击退瓦剌,使人民免遭蒙古贵族再次野蛮统治。但英宗复辟后却以"谋逆罪"诬杀了这位民族英雄,天下冤之。

咏煤炭

凿开混沌得乌金,藏蓄阳和意最深①。
爇火燃回春浩浩,洪炉照破夜沉沉。
鼎彝元赖生成力,铁石犹存死后心。
但愿苍生俱饱暖,不辞辛苦出山林。

简析

这首咏物诗,是作者以煤炭自喻,托物明志,表现其为国为

---

① 阳和:原指暖和的阳光,这里借指煤炭所蓄藏的热能。意最深:有深层的情意。

民的抱负。

前两句咏煤炭点题,正面抒怀,说这里蕴藏着治国安民的阳和布泽之气。"意最深",特别突出此重点的深意。煤炭燃烧给人们带来温暖,就像春回大地一般。爝火,小火炬。"春浩浩"承接"阳和","照破夜沉沉",显示除旧布新的力量。古人称庙堂宰相为鼎鼐,这里说宰相的作为有赖于其人具有生成万物的能力,仍从煤炭的作用来比喻。

第三句,"铁石"句表示坚贞不变的决心。第四句,"但愿苍生俱饱暖",即杜甫得广厦万间大庇天下寒士之意。末句绾结到自己出山济世的本意,即托物言志。

诗人一生忧国忧民,以兴国为己任,其志向在后四句明确点出,其舍己为公的心志在后两句表现得尤为明显。

岳忠武王祠

匹马南来渡浙河,汴城宫阙远嵯峨。
中兴诸将谁降敌,负国奸臣主议和。
黄叶古祠寒雨积,清山荒冢白云多。
如何一别朱仙镇,不见将军奏凯歌。

简析

这首诗作于土木堡之变后,明英宗朱祁镇被俘,几十万精锐全军覆没,鞑靼大军压境,明王朝危在旦夕,在这个时候有很多人劝皇上放弃国都,南下迁都南京,以躲避鞑靼大军的刀锋。在一片迁都声中,于谦力排众议,极力要求坚守北京,坚决打击鞑靼大军。

这首诗用南宋迁都的故事来向人们说明迁都是错误的。在这首诗中,于谦痛心宋的迁都,更痛心当今的时事。诗中虽然没有直说他的政治主张,但是全诗强烈浸透着他坚守北京的主张。

生平故事

于谦,明代浙江钱塘县(今杭州)人,《明史》称他"英迈过人,历事三朝"。于谦很仰慕宋代民族英雄文天祥,书斋里曾悬挂文天祥的画像,并在画赞中写有"殉国忘身,舍生取义""宁正而死,弗苟而全"等词句,说明他在年轻时就把自己的修养水平指向历史上第一流的英烈人物。

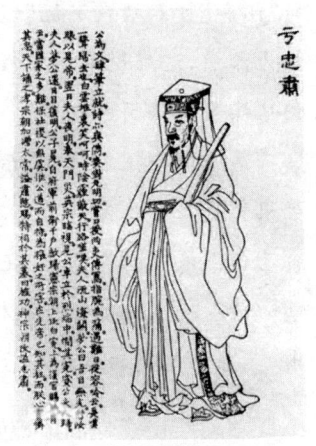

于谦画像

24 岁时,于谦进北京应考,中了进士,被任命为山西道监察御史。作为明代地方的最高行政长官,于谦在山西、河南等地任职达 19 年之久。在这 19 年中,他威惠流行,甚得民心。于谦豁免农民欠租,减轻商贩税率,设置各州县的平准仓和惠民药局,调节粮价、赈救贫苦、广修道路、植树凿井、发展交通、便利行旅等。他又连年缮筑黄河堤岸,兴修各地水利。于谦这些勤政爱民的措施,得到人们的普遍赞扬,人们称他为"于龙图",有的地方还给他立生祠。

明宣宗去世以后,9 岁的太子朱祈镇继位,史称明英宗。因皇帝年少,宦官王振专权。王振内外勾结,作威作福,一时间举国上下出现了大官大贪、小官小贪的混乱局面。于谦看不惯王振专擅朝政,从不逢迎他。为此,王振对于谦非常嫉恨。

当时,地方官要进京朝见皇帝,必须得先贿赂朝中权贵,否则寸步难行。于谦从外地回京时,他的幕僚建议他买些蘑菇、绢帕、线香之类的土特产孝敬权贵。于谦听后,很不高兴,他甩了甩袖子说:"我就两袖清风!"回到家里,他难以压抑心中的愤慨,写了一首诗:"绢帕蘑菇与线香,本资民用反为殃。清风两袖朝天去,免得闾阎话短长。"这就是"两袖清风"的出处。

1449年(正统十四年),蒙古族瓦剌部首领也先率铁骑大举南下,年轻气盛的明英宗在王振等人的唆使下贸然亲征。八月十五日,明军被蒙古兵团团包围在土木堡,十几万明军被歼,就连英宗也做了俘虏。这场形如儿戏的御驾亲征和突如其来的变故,被后来的历史学家称为"土木之变"。

土木之变后,明朝首都北京立即被卷入战场的前哨,政局空前混乱,危机四伏。翰林侍讲徐珵竟公然主张逃跑,于谦厉声斥责徐珵说:"倡议南迁者,当斩!京师是天下的根本,一动则大事去矣。难道忘了宋朝南迁的教训了吗?!"他请求立刻调动四方兵勤王,誓死守卫京师。

当时,以于谦为首,以商辂、王竑、袁时、吴宁、王伟、朱骥等为主干的爱国官吏一致坚决主张抗战。当时京师最有战斗力的部队、最精锐的骑兵都已在土木堡失陷,剩下疲惫的士卒不到十万,人心惶惶,朝廷上下都没有坚定的信心。于谦请郕王调南北两京、河南的备操军,山东和南京沿海的备倭军,江北和北京所属各府的运粮军,立即奔赴顺天府,依次经营筹划部署,人心遂稍稍安定。随后,于谦升任兵部尚书,全权负责筹划京师防御。

明英宗被俘后,大臣担忧国家没有君主,太子年幼,敌寇将至,请皇太后立郕王为皇帝,郕王再三推辞。于谦大声说:"我们完全是为国家考虑,不是为个人打算。"郕王于是受命。十月,也先挟持着太上皇(英宗)攻破紫荆关,进窥京师。于谦调遣诸将带领二十二万兵士,在九门外摆开阵势,亲自督战,下令:临阵将领不顾部队先行退却的,斩将领;军士不顾将领先退却的,后队斩前队。于是将士知道必定要死战,都听命令。

经过激战,瓦剌退兵,京师保卫战宣告成功。

虽有拥立新君、保卫社稷的贡献,但于谦并没有居功自傲、把持朝政。然而有谁能想到,在北京保卫战八年之后,即景泰八年(1457年),这样一位品行卓然的功臣竟然被押赴刑场,以莫须有的罪名被斩首。这一切都源于明朝一场有名的宫廷政变——"夺门之变"。

"夺门之变"的主角是太上皇朱祁镇,他在土木堡丧师辱国,被也先俘虏,幸赖于谦等领导军民抗战胜利,才得被释回朝,但是朱祁镇不考虑军国大事和抗战的客观形势,对于谦等抱有莫大的私憾。复辟当日,英宗就将于谦逮捕入狱。但是想要杀掉于谦这样一位有功于社稷、为官清廉的大臣并不容易,必须要找一个听起来可以服众的借口。英宗在徐有贞等人的策划下,用历史上惯用的"莫须有"手法,以"谋逆"的罪名将于谦处以极刑。这些都是牵强附会和捕风捉影的事,英宗心中也知道于谦是冤枉的,十分犹豫。这时,当初"土木之变"时那个提议逃跑、后来改名徐有贞的徐珵进言:"不杀于谦,夺门就没有正当的名义。"英宗这才下定决心。

景泰八年(1457年)正月二十三日,于谦被押往崇文门外,就在这座他曾拼死保卫的城池前,得到了他最后的结局——斩决。历史往往惊人的相似,南宋时爱国英雄岳飞力主抗金,被奸佞小人以"莫须有"的罪名杀害;三百年后,抗击蒙古贵族入侵的于谦以"意欲谋反"罪被处死,罪名都耐人寻味。巧的是,两人死后都被安葬在杭州美丽如画的西子湖畔,接受人们的凭吊。清代文人袁枚对两人有高度的评价:江山也要伟人扶,神化丹青即画图。赖有岳于双少保,人间始觉重西湖。

影响

梦里相逢西子湖,谁知梦醒却模糊。
高坟武穆连忠肃,添得新祠一座无?

——明末·张煌言

丹心抗节。

——清·乾隆

公论久而后定,何处更得此人。

——清·林则徐

论名臣,于正统、景泰间,刘忠愍敦君臣大义,章恭毅明国家大纪,于肃愍建社稷大功。皆愿为执鞭而不可得者。

——清·邵二泉

毓秀山河正气微,浮云久蔽遁天威。
龙颜欲触先生死,凤诏即承有是非。
清白才能持悬日,淡宁性情著宽衣。
一生难得春秋梦,万丈青松大国稀。

——现代·万宽

王守仁(1472年—1529年),幼名云,字伯安,号阳明,封新建伯,谥号文成,人称王阳明,明代最著名的思想家、文学家、哲学家和军事家。王阳明不仅是宋明心学的集大成者,一生功业也是赫赫有名。

罗旧驿

客行日日万峰头,山水南来亦胜游。
布谷鸟啼村雨暗,刺桐花暝石溪幽。
蛮烟喜过青杨瘴,乡思愁经芳杜洲。
身在夜郎家万里,五云天北是神州。

简析

我这个贬客每天都在赶路,已经记不清走过多少座山,一路南来,跋山涉水,就当它是一场游览吧。耳边布谷鸟不停在鸣叫,眼前的小村因为下雨显得昏暗,路旁盛开的刺桐花遮蔽了天色,石头小溪显得格外幽静。南地的炊烟轻快地从青杨上空飘过,在芳杜洲,我心头涌起一股惆怅的乡思。身在夜郎这个地方,家乡已经在万里之外了。

本诗将谪客思乡的情思、前程的凄苦都化为"身在夜郎家万里,五云天北是神州"之境界,显得格外坦荡。

生平故事

王守仁一生最大的军事功绩,是平定南昌的宁王朱宸濠之乱。王守仁将去福建剿匪时(无大量军队),所率部队刚到丰城,宁王朱宸濠突然举兵叛乱。王守仁手无兵马,但一心为国奉献,于是积极备战,调配军粮,修治器械,然后发出讨贼檄文,公布宁王的罪状,要求各地起兵勤王。

当时,王守仁虚张声势,利用假宣传、假情报,扰乱宁王的视线,逼他做出错误的判断,以为各路大军已经组成合围态势。同时,他使用反间计,使宁

王守仁画像

王猜疑自己部下进攻南京的策略。宁王果然上当,半个月时间犹豫观望、不知所措,不敢发兵攻打南京。王守仁利用这一时机,做好了防守南京的准备,使宁王欲攻南京,已无可能。

七月,宁王率六万人,攻下九江、南康,渡长江攻安庆,南昌很快攻破。停了两日,王守仁便派诸将分五路迎击回援南昌的宁王大军,四路分兵迎进,一路设伏。交战以后,宁王大军很快腹背受敌,被分割成几部分,后又中埋伏,惨遭大败,溃逃退守八字脑地区。宁王眼观局势不妙,急忙调九江、南康的精锐部队出击,王守仁派几路大军迎战并取南康。

这一仗打得相当激烈,是关键的一战。官军一度退却,王守仁部将伍文定立即斩杀了后退之人,命令诸军决一死战,最后终于打败了敌人,敌军退保樵舍地区。

其后,王守仁看出宁王军队的方阵破绽,决定效仿赤壁之战,放火烧船。第二天,宁王群臣聚集在一起,正在船上召开"早朝"会议,王守仁大军杀到,用小船装草,迎风纵火,烧毁了宁王的副船,王妃娄氏以下的宫人以及文武官员们纷纷跳水。宁王

的大船搁浅,不能行动,仓促间换乘小船逃命,被王守仁的部下王冕率部追上擒获,宁王的其他文武大臣也成了阶下囚。不久,南康、九江也被官军攻陷,宁王之乱全面平息,前后只有 35 天时间,王守仁因此而获"大明军神"之称。

影响

两肩正气,一代伟人,具拨乱反正之才,展救世安民之略,功高不赏,朕甚悯焉!因念勋贤,重申盟誓。

——明穆宗

王守仁始以直节著。比任疆事,提弱卒,从诸书生扫积年逋寇,平定孽籓。终明之世,文臣用兵制胜,未有如守仁者也。当危疑之际,神明愈定,智虑无遗,虽由天资高,其亦有得于中者欤。矜其创获,标异儒先,卒为学者讥。

——清·张廷玉

他在近代学术界中,极具伟大,军事上、政治上,多有很大的勋业。阳明是一位豪杰之士,他的学术像打药针一般令人兴奋,所以能做五百年道学结束,吐很大光芒。

——近代·梁启超

中国历史上能文能武的人很多,但在两方面都臻于极致的却寥若晨星……好像一切都要等到王阳明的出现,才能让奇迹真正产生……王阳明一直被人们诟病的哲学在我看来是中华民族智能发展史上的一大成就,能够有资格给予批评的人其实并不太多。

——当代·余秋雨

俞大猷(1503年—1579年),字志辅,又字逊尧,号虚江,晋江(今福建泉州)人,明代抗倭名将,诗人、民族英雄。俞大猷一生几乎都在与倭寇作战,战功显赫。他所率领的"俞家军"甚至能将敌人吓退,与戚继光并称为"俞龙戚虎",扫平了为患多年的倭寇以及趁机作乱的伪倭寇。他还创立了兵车营,设计创造了用兵车对付骑兵的战术,著有《兵法式微》、诗词集《正气堂集》。

杨西洲南征赠以战袍

我看此袍经百战,半襟犹带血淋纹。

天阶今日朝衣换,忠孝连袍付与君。

简析

俞大猷生平喜欢写诗,他自己曾说"欲写心中无限事,不论工拙不论多"。这首诗明白如话,却将诗人的一腔英雄气展露无遗。

诗的前两句"我看此袍经百战,半襟犹带血淋纹",送朋友出征,解下自己的战袍赠给朋友,有一种"岂曰无衣,与子同袍"的慨然古风。这件战袍随着自己南征百战,襟袍上犹染有敌军的鲜血。

今日朝廷送你出征之际,我穿上朝衣,换下这件战袍,把一腔忠孝之心和这件随我百战百胜的战袍一起给你,祝愿你旗开得胜。

勉李季春

夜读阴符晓未休,壮心欲系单于头。

腰间带血雌雄剑,谈笑觅封万里侯。

简析

作者在诗中对朋友寄托了深切的希望,希望朋友杀敌报国,为国立功。与一般的缠绵悱恻的赠友怀人诗不同,在诗人笔下,友情与爱国是一致的,友情与忠君报国没有矛盾,在为国家建立功勋的共同事业中形成的友谊更为深沉、更有魅力。

秋日山行

溪涨巨鱼出,山幽好鸟鸣。
丈夫不逆旅,何以及苍生。

简析

这首诗以秋日山行途中所见到的景色起兴,从自己鞍马劳顿的军旅生活推及受苦受难的黎民百姓,隐约透露出诗人希望早日平息倭患、拯救苍生、济度人世的政治理想。字里行间洋溢着一个血性男儿力求征战沙场、报效国家的积极人生追求和愿望。

舟 师

倚剑东冥势独雄,扶桑今在指挥中。
岛头云雾须臾尽,天外旌旗上下翀。
队火光摇河汉影,歌声气压虬龙宫。
夕阳景里归篷近,背水陈奇战士功。

简析

这是俞大猷从军征战沙场后的诗作,作者作为抗倭名将,前两句写对倭战争已取得胜券,颔联描写上下冲杀的场面,旌旗指处,战士们发起冲锋;火光起处,雄壮的歌声气势压倒了龙宫,在夕阳中,凯旋的战士们立功归来。这首诗力量豪迈、气概高举,令人振奋。

生平故事

提及抗倭名将,人们首先想到的是戚继光。俞大猷这个名字,尽管没有完全被遗忘,但有关他的生平、功绩等,世人知之甚少。其实,俞大猷一生几乎都在与倭寇作战,战功显赫,他所率领的"俞家军"甚至能将敌人吓退,与戚继光并称为"俞龙戚虎",扫平了为患多年的倭寇以及趁机作乱的伪倭寇。

俞大猷画像

俞大猷虽然战功累累,却因经常被弹劾而遭到免官,甚至多次被他人冒领军功,但俞大猷却从不计较,仍旧全力打击倭寇。

俞大猷早年拜王宣、林福为师学习《易经》,得到蔡清的真传。父亲病逝后,俞大猷放弃学业,继承了百户的世袭职务。嘉靖十四年(1535年),俞大猷中武举人,被任命为千户,守御金门。这里的军民常无事取闹,告到公堂,难以治理。俞大猷采取教化的方法,引导他们以礼让为先,于是诉讼也就停息。当时倭寇屡屡作乱,俞大猷上书提刑按察使司,按察使恼怒地说:"小军校怎配上书言事?"将俞大猷一顿杖打,并剥夺了他千户的武职。兵部尚书毛伯温出征安南,俞大猷又上书陈述作战方略,请求从军出战。毛伯温对俞大猷的军事见解颇感惊奇，可惜正值撤兵之际，未能立即起用他。

嘉靖二十一年（1542年），蒙古军大举进攻山西，皇帝下诏选举天下勇士。俞大猷于是到巡按御史那里推荐自己，御史将俞大猷上报给毛伯温，毛伯温想起前事，将俞大猷送到宣大总督翟鹏处。翟鹏与俞大猷讨论军事，每每被俞大猷折服。嘉靖二十八年（1549年），右副都御史朱纨巡视福建，推荐俞大猷为备倭都指挥。

嘉靖三十三年（1554年），倭寇占据宁波普陀，俞大猷率军前往讨伐，将士们攀城到半空，倭寇突然开城门杀出来，明军措手不及，武举人火斌等三百人被杀，俞大猷因此获罪，但朝廷仍让俞大猷继续攻打倭寇。不久之后，俞大猷在吴淞打败倭寇，得以免罪，而后俞大猷又击败攻掠健跳所的倭寇，取代汤克宽苏松副总兵的职位。

而后，朝廷派俞大猷攻打盘踞在金山一带的倭寇。当时，俞大猷所领的兵力不足三百人，调集的各路兵马尚未到来，倭寇却有两万人的兵力。俞大猷寡不敌众，在金山被倭寇击败。总督张经让俞大猷出战，但俞大猷坚守不动，等到永顺、保靖的援兵到来后，俞大猷才出战，于王江泾大败倭寇，但功劳却归于赵文华、胡宗宪，俞大猷因金山之败被降职。

倭寇虽然败北，但新增援的倭寇乘战船三十余艘突袭青村所，与南沙、小乌口、浪港各处倭寇会合，进犯苏州陆泾坝，直逼娄门，京都督周于德被击败。倭寇于是分兵两路，北路攻掠浒墅，南路攻掠横塘。倭寇驱兵深入，兵势蔓延到常熟、江阴、无锡等地，进退于太湖之中。俞大猷协助副使任环于陆泾坝大败倭寇,焚烧倭船三十多艘。倭寇向海外逃走,俞大猷又迅速在三丈浦进行阻击,击沉倭船七艘。而后俞大猷又与任环在莺脰湖击败倭寇,倭寇退走三板沙、嘉兴等地。

嘉靖三十七年(1558年),俞大猷与戚继光对岑港展开猛烈的进攻,倭寇虽然死守,但终于抵挡不住,造船从岑港转移到柯梅。俞大猷和戚继光趁机追击,击沉倭船一艘,其余倭寇流窜到闽、广一带。俞大猷先后杀倭寇四五千人,几乎平定倭患。但是由于官军将倭寇围攻一年不能攻破,胡宗宪觉得让倭寇出走更有利于击破,于是暗地让敌人逃跑,并不派兵追击。御史李瑚就此事弹劾胡宗宪时,胡宗宪却将罪责推到俞大猷头上。皇帝大怒,下令逮捕俞大猷,再次剥夺他世袭荫庇的特权。

嘉靖四十一年(1562年),从日本本土而来的新倭寇又伺机侵略。嘉靖四十二年(1563年),朝廷以俞大猷为福建总兵抗击倭寇。四月,戚继光率领浙江兵前来支援。戚继光到后,谭纶立刻筹备对倭寇的总攻,先在各海道上环立栅栏阻断倭寇归路,而后谭纶以刘显为左军,俞大猷为右军,谭纶自领中军,以戚继光为先锋,围攻平海卫,一举告破,斩首两千余级。俞大猷与戚继光等率兵追击,倭寇道路不通,又被斩杀三千多人。收复兴化后,因戚继光功劳最多,于是朝廷让戚继光代替俞大猷为福建总兵。

嘉靖四十三年(1564年),潮州倭寇纠集两万多人,与海盗吴平互为犄角。俞大猷在邹塘围攻倭寇,焚杀倭寇四百多人。倭寇全部逃到崎沙、甲子等处,抢夺渔民船只向大海方向逃去。倭寇船只在海中多遇风沉没,侥幸脱险的两千多人,退守海丰金锡都。俞大猷率军将其包围两个月,倭寇粮食断绝,打算逃走,却被副将汤克宽设伏兵击败,汤克宽手刃倭寇首领三人,参将王诏等人随后赶到,将倭寇全部剿灭。东南沿海为害剧烈的倭患,就此基本平息。

影响

节制精明,公(俞大猷)不如纶。信赏必罚,公不如戚(戚继光)。精悍驰骋,公不如刘(刘显)。然此皆小知,而公则甚大受。

——明·谭纶

大猷为将廉,驭下有恩。数建大功,威名震南服。大猷负奇节,以古贤豪自期。其用兵,先计后战,不贪近功。忠诚许国,老而弥笃,所在有大勋。世宗朝,老成宿将以俞大猷为称首,而数奇屡踬。以内外诸臣攘敚,而掩遏其功者众也。

——清·张廷玉

古之为将者,经文纬武,谋勇双全;能得人,能知人,能爱人,能制人;省天时之机,察地理之要,顺人和之情,详安危之势。凡古今之得失治乱,阵法之变化周密,兵家之虚实奇正,器械之精粗巧拙,无不洞识。如春秋时之孙武、李牧,汉之韩信、马援、班超、诸葛亮,唐之李靖、郭子仪、李光弼,宋之宗泽、岳飞,明之戚继光、俞大猷等诸名将,无不通书史,晓兵法,知地利,精器械,与今之泰西各国讲求将才者无异。

——近代·郑观应

徐渭(1521年—1593年),绍兴府山阴(今浙江绍兴)人,字文长,号青藤老人、青藤道士、天池生、天池山人、山阴布衣、白鹇山人等,明代著名军事家、文学家、书画家、戏曲家,曾担任胡宗宪幕僚,助其擒徐海、诱汪直。

徐渭与解缙、杨慎并称"明代三才子"。他是中国"泼墨大写意画派"创始人,诗文书画俱佳,被誉为"有明一代才人"。徐渭谙音律,爱戏曲,所著《南词叙录》为中国第一部关于南戏的理论专著,另有杂剧《四声猿》《歌代啸》及文集传世。

题墨葡萄诗

半生落魄已成翁,独立书斋啸晚风。
笔底明珠无处卖,闲抛闲掷野藤中。

简析

徐渭一生命途多舛,遭遇坎坷,晚年悲苦凄凉,形影相吊,他将自己的悲愤和怀才不遇之感融注于笔端,创作了一幅又一幅惊世骇俗的水墨名画。

这首诗前两句是诗人自己一生坎坷遭遇的写照。徐渭惊才绝艳,又在抗倭策划中屡立奇功,但他平生引以为傲的军事才能却并不为当世所重,甚至连后世最重视的也是他认为排在自己才能最末位的画技。诗人一腔才华无处施展,只好倾注在绘画之中。

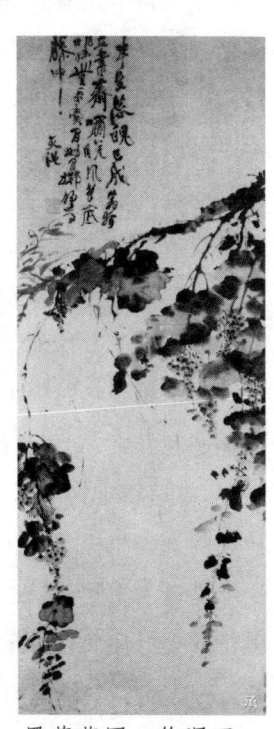

墨葡萄图·徐渭画

末两句紧扣葡萄的特征,以"明珠"隐喻所画墨葡萄,也感叹诗人的才能就像一颗颗抛掷在野藤中的明珠,令人痛惜。

这首诗正是诗人身处下层,怀才不遇,品格高洁,绝世独立之人格的光辉写照。

生平故事

明代书画家徐渭,被称为"中国式凡·高",是中国绘画历史上的旷世孤才。他学富五车却屡试不第,悲惨命运却掩埋不了他的旷世才华。他的字画影响了国画四个多世纪,至今不衰。

徐渭画像

徐渭出生于山阴(今浙江绍兴)一个趋向衰落的大家族,其父徐鏓曾任四川夔州府(今重庆市)同知,母亲是徐鏓晚年纳的妾。在徐渭出生百日后,父亲徐鏓便去世了。徐渭10岁时,生母也被徐夫人逐出家门。

徐渭青少年时得不到亲生父母的疼爱,在家中地位低下,然而他聪颖异常,文思敏捷,享誉远近。他的诗文恣露胸臆、奇傲纵诞,有超轶千古的不羁之感,当地的乡绅将其与东汉的杨修、唐朝的刘晏相提并论。

嘉靖二十年(1541年),21岁的徐渭入赘绍兴富户潘氏,并随任典史的岳父宦游阳江。在广交文友的活动中,徐渭博采众长,文学与艺术修养得到迅速提升。沈炼曾夸奖他说:"关起城门,只有这一个(徐渭)。"然而26岁时,徐渭的爱妻潘氏又得病溘然去世。为了谋生,徐渭教私塾以糊口。27岁时,徐渭不顾世俗偏见,把母亲接回自己家中。

嘉靖三十三年(1554年),倭寇进犯浙闽沿海,绍兴府成为烽火之地。平时好阅兵法的徐渭,先后参加了柯亭、皋埠、龛山等地的战役,并出谋划策,初步显示了其军事才能。此时,徐渭引起了浙江巡抚胡宗宪的注意。嘉靖三十七年(1558年)冬,升任浙闽总督的胡宗宪,钦慕徐渭的才识,经过多次相邀,终于将徐渭招入幕府充当幕僚。入幕之初,徐渭为胡宗宪创作了《进白鹿表》,受到明世宗朱厚熜的赏识,胡宗宪对他更为倚重。

此后,徐渭随总督府移驻宁波、杭州、严州、崇安等地。在抗倭战事上,他给胡宗宪出谋划策,展露出了惊人的军事才能,助胡宗宪擒获倭寇首领徐海、招抚海盗汪直。胡宗宪对他放任不羁的性格也格外优容。陶望龄《徐文长传》记载说,徐渭常常与朋友在市井饮酒,总督府有急事找不

徐渭画

到他,便深夜开着大门等待。当时胡宗宪权重威严,文武将吏参见时都不敢抬头,而徐渭戴着破旧的黑头巾,穿一身白布衣,直闯入门,纵谈天下事,旁若无人。徐渭曾在一座酒楼喝酒,有几名军士也在楼下喝酒,酒后不肯付钱。徐渭暗中写短函迅速告诉胡宗宪,胡宗宪立即下令将几人绑进衙门,一齐斩首,全军震骇。

徐渭用胡宗宪给他的幕僚俸禄买了座大宅子,二十多个房间,两个大池塘。他养鱼、种植荷花、种果树、喝酒唱歌、撒网捕鱼,在他的竹

墨菊·徐渭画

林大院里招呼客人,烧笋煮茶,日子过得好不快活!这恐怕是他一生中最光辉的时候了。可惜好景不长,严嵩倒台,胡宗宪作为严嵩党羽被捕,死于狱中。

徐渭并不在乎胡宗宪与严嵩的关系,士为知己者死,胡宗宪的知遇之恩让他想以性命相报。他痛苦却求死不得,经常在深夜呼喊哭叫,极度压抑。最终,他把自己折磨成了疯子,濒死而不死,命悬一线,甚至精神错乱。到第二年冬,在与妻子的一次争吵中,他一时失手,打死了妻子,成了一个被判死刑的杀人犯。他身戴镣铐枷锁,饥寒交迫,在狱中等死。下狱后,友人纷纷予以援助。其中援助最为有力的,先是礼部侍郎诸大绶,后是翰林编修张元忭(即明末著名散文家张岱的曾祖父),他们都是徐渭

的至交，又都是状元出身，颇有声望。在这些朋友的解救下，徐渭终于借明神宗朱翊钧即位大赦之机获释。这是万历元年（1573年）的事，此时徐渭已经53岁。

出狱后，徐渭年轻时的朋友、此时已经担负北部边防重任的吴兑邀他北上，赴宣化府充任文书。他喜欢议论政事，尤其注重关于边防的策略。徐渭过居庸关赴塞外，经戚继光介绍，至辽东李成梁处教授其子李如松兵法。

徐渭虽受吴兑等人的敬重，但因健康不佳，只得于次年春经北京回到家乡绍兴。晚年乡居的日子里，徐渭越发厌恶富贵者与礼法之士，所交游的大都是过去的朋友和追随他的门生。他不媚权贵，随性放达，常"忍饥月下独徘徊"。那些欣赏他才华的权贵来找他，他皆闭门不见，甘心贫穷。他晚年耳聋、手脚麻木，多病缠身，再无力作画，便开始拒绝别人的接济，认为自己已经无以为报。最终，他饿死在了自己铺满稻草的破旧小屋里，死时只有一条土狗陪在身旁。

如今他的字画真品，随便一幅就动辄上亿的拍卖价格，并且市场上已难觅真品踪迹。

他的人生苦难和癫狂性情迸发出的巨大能量全部倾注在字画里，成就了他的旷世奇才。

他的画笔力劲道十足，笔法豪放挺拔，而又不失细腻和精准。他吸收众家之长，自创一体。他大胆而创造性的泼墨手法，开创了泼墨大写意风格画派"青藤画派"。他对中国画的发展，产生了难以估量的深远影响。

郑板桥对他非常敬服，曾刻一印，自称"青藤门下走狗"。他能谋善断，几乎以一己之力尽破多年的倭寇之患，晚年悉心培养名将李如松,使其建立不朽功勋。徐渭的诗被袁宏道尊为"明代第一",他的戏剧受到汤显祖的极力推崇。至于绘画,他更是中国艺术史上成就最为突出的人物之一。

影响

岂知文章有定价,未及百年见真伪。
光芒夜半惊鬼神,即无中郎岂肯坠?

——清·黄宗羲

青藤笔墨人间宝,数十年来无此道。

——清·石涛

青藤画中圣,书法逾鲁公。

——近代·吴昌硕

青藤(徐渭)、雪个(八大山人)、大涤子(石涛)之画,能横涂纵抹,余心极服之,恨不生前三百年,为诸君磨墨理纸。诸君不纳,余于门之外,饿而不去,亦快事故。

——现代·齐白石

绍兴徐青藤,用笔之健,用墨之佳,三百年来,没有人能赶上他。

——现代·黄宾虹

戚继光(1528年—1588年),字元敬,号南塘,晚号孟诸,卒谥武毅,山东登州人,祖籍安徽定远,生于山东济宁,明代著名抗倭将领、军事家,官至左都督、太子太保加少保。

韬钤深处

小筑渐高枕,忧时旧有盟。
呼樽来揖客,挥麈坐谈兵。
云护牙签满,星含宝剑横。
封侯非我意,但愿海波平。

简析

《韬钤深处》是明代军事家戚继光将军少年时所写的一首诗。该诗描写了作者自己习文练武的目的就是为了抵御倭寇入侵,以使百姓早日过上安居乐业的生活。"封侯非我意,但愿海波平",则更明确地表明戚继光立志驱逐倭患、保卫海防、拯救百姓于水火,而并非要追求个人功名的崇高品质。

过文登营

冉冉双幡度海涯,晓烟低护野人家。
谁将春色来残堞,独有天风送短笳。
水落尚存秦代石,潮来不见汉时槎。
遥知百国微茫外,未敢忘危负岁华。

简析

微茫:指海波浩渺苍茫的样子。

戚继光是著名的抗倭名将,战功卓著。这首诗是他奉命巡视海上驻军时在文登营地写成的。前两句写想象,点出东南沿海形势严峻,海外诸国虎视眈眈,倭寇时常侵边。

诗的最后两句意为:我深知在浩渺遥远的海外,倭寇居住的小岛就漂浮在那天边,虎视着中国。因此我不敢忘记那些无耻的倭贼给我们带来的危害,我要立志抗倭,不辜负自己的珍贵年华。

马上作

南北驱驰报主情,江花边月笑平生。
一年三百六十日,多是横戈马上行。

简析

从福建、广东到蓟州,"南北驱驰"四字概尽戚继光一生大节。他并非不喜欢安定的生活,只是为了国家的安宁,不惜万里奔波。

行色匆匆间,总无暇顾及周围美好的景色,作者说:江畔姹紫嫣红的鲜花和江防皎洁明朗的月亮,恐怕要笑我不懂得欣赏了吧。

"一年三百六十日,多是横戈马上行",这两句是对"平生""南北驱驰"更具体的说明,一个保家卫国的英雄形象跃然纸上。他是紧紧与战马与横戈联在一起,不能须臾分离的。

这首诗平易自然,朗朗上口,而作者忠于祖国、热爱人民的高尚品质更让人钦佩。

望阙台

十年驱驰海色寒,孤臣于此望宸銮。
繁霜尽是心头血,洒向千峰秋叶丹。

简析

《望阙台》这首诗概括了诗人在苍茫海域内东征西讨的战斗生活,暗指抗倭斗争的艰难困苦。因有感于曾一起抗倭的汪道昆被弹劾罢官,诗人用诗来形容自己像远离京师孤立无援的臣子。远望帝阙的地方,作者仍盼抗倭斗争能得到朝廷的充分支持,既表达了自己有一腔抗倭报国的热血,也蕴含了对朝廷的忠贞。

生平故事

明朝嘉靖三十四年(1555年),我国东南沿海各省的百姓被悲观和绝望情绪笼罩。一股五六十人的海寇从海上登陆,到处杀人越货,如入无人之境。他们先后去了杭州、芜湖,接着围绕南京兜了一个大圈子,最后退回至武进。当时南京是明朝的留都,守军有十二万。

区区几十个海贼,在十二万陪都守军眼皮下杀了数千人,如此奇闻震惊海内外。

这件事在《明史》《明史纪事本末》《倭变事略》等正统史书都有记载,西方的中国史教本也有摘录。

戚继光画像

在糟糕的时代，总有伟人出现，这次也不例外，有个伟人在这样的历史环境中登场了，他就是戚继光。

戚继光出身将门，他的祖父戚宣和父亲戚景通都是大明的中层军官，有一定的名气。戚继光幼时家贫，但自小习武，武技超群，同时有志向，热爱读书，通经史大义。嘉靖二十三年(1544年)，贫穷的戚继光有幸承袭祖上的职位，任登州卫指挥佥事，步入大明官场，开始了自己的仕途。

不过戚继光的运气有点背，刚刚步入仕途，就遇上规模浩大的倭寇之乱。日本因南北朝分裂而产生了大批失势的贵族、战败的武士、破产的农民、经商的浪人，这些人趁着元明易代，结成武装团伙，大规模地入侵朝鲜和中国的沿海地区。

这群海寇，虽然杀人越货，却并非简单的团伙作案，之所以能不断地以寡敌众，是因为他们有自己严密的组织体系。闽、浙一带的海商大贾，为了牟取暴利，不顾朝廷的海禁命令，和"番舶夷商"相互贩卖货物，形成海上武装走私集团。这些走私集团与倭寇相勾结，使得倭患愈演愈烈。

由于嘉靖帝迷信道教，一味在西郊玄修，不理朝政，同时江南地区作为大明的心腹之地，一直风平浪静，官兵们守卫松懈，使得一股仅数千人规模的倭寇居然一路烧杀劫掠到南京城下。

南京可是大明的陪都，太祖朱元璋龙兴之地，嘉靖皇帝震怒，下旨派大军会剿江南倭寇。于是，戚继光率军从山东入援南京。嘉靖三十四年(1555年)，戚继光调任浙江都司佥事并担任参将，防守宁波、绍兴、台州三郡。不久，戚继光就开始了与倭寇的第一次恶战。

嘉靖三十六年(1557年)，倭寇进犯乐清、瑞安、临海等地，戚继光与俞大猷两军合兵围攻，但进攻不利，受到朝廷的申斥。朝廷还将戚继光、俞大猷等人全部罢免，让他们戴罪杀敌。

之所以进攻不利，主要原因在于江浙卫所的士兵有问题。戚继光的卫所兵主要由两部分组成——绍兴兵和处州兵。这两个地方的士兵很有特点：绍兴兵听命令，不怕吃苦，善做苦力，安营扎寨、修城挖壕从不叫苦叫累，缺点是仅成军容，怯于力战，一遇敌人冲锋，就会奔逃溃散；处州兵作战勇猛，擅长冲锋陷阵，但是喜欢和统帅谈条件，每次战前都要详细了解对手和人数，而后进行内部沟通，决定是否接战，若认为可以打就开打，若认为不好打，不管统帅下什么命令，都坚决不打。

这次岑港战役一开始没有进展，很大的原因就是戚继光没有彻底了解部下的作战特点和风俗习惯，过高地估计了自己卫所士兵的战斗力。进攻岑港的战斗开始后，戚继光先指挥处州兵冲锋，处州兵勇猛无畏，接战的倭寇抵挡不住，纷纷后退，但是处州兵害怕有埋伏，不肯追击。戚继光为了扩大战果，下令服从命令的绍兴兵追击，结果中了倭寇的诱敌深入之计，倭寇伏兵一出，绍兴兵立即溃散奔逃，止都止不住，连戚继光自己都差点被倭寇俘虏。

岑港之战使戚继光认识到，卫所兵良莠不齐，难堪大任。调别处的兵吗？当时明帝国虽然有 200 万常备军，但因为一直沿用开国时朱元璋制定的军户制度，这个制度百年来未做任何变革，已经变得陈旧不实用，所以导致军队体系混乱，战斗力低下。

要真正剿灭倭寇，需要招募一批新兵，一批既作战勇猛又绝对服从命令的新军。去哪里招募这样一支新兵呢？戚继光陷入了苦恼之中。

嘉靖三十八年(1559年),戚继光无意中目睹到义乌矿工与永康矿工打架的场面(几万人打架),惊呼:"如有此一旅,可抵三军。"戚继光在义乌招募了近4000人,进行了严格的训练,这就是著名的"戚家军"的雏形。招募后,戚继光开始组织训练新军。由于政府深切理解事态的严重性,所以不得不批准他组织新军的计划,并且加征新税作为招募和训练的费用。

当时军队没有固定训练准则,专门研究军事技术的学校还未成立,戚继光编撰了他的新兵训练课程——《纪效新书》,亲自担任执行校长,组织教学。

之前征兵以单人杀敌能力为主要标准,所以拳师、和尚、江湖艺人常常成为征召的重点对象,在军营中也享有较高待遇。戚继光认为战争的胜败并不取决于个人武艺的高低,除了要求个人杀敌技术娴熟外,还要增加作战中部队配合的默契度。所以《纪效新书》详细讲述了兵员的选拔和编伍、水陆训练、作战和阵图、各种律令和赏罚规则、诸种军诫兵器及火药的制造和使用、烽堠报警和旗语信号等建军作战的各个方面,甚至详细地描述了干粮的做法。

戚继光除了教授这些成熟的理念和经验,也注重在战争中总结更实用的战术。他给每一个步兵班同时配置长兵器和短兵器,协同作战。长兵器攻击较远的敌人,短兵器击杀冲到近处的敌人,这就是历史上享有盛名的"鸳鸯阵"。

这种阵型以12人为一个作战单位,士兵手持长牌、藤牌、腰刀、标枪、狼筅、长枪、短刀等各式兵器,随地形和战斗需要而不断变换阵型,不仅充分发挥了各种兵器的效能,且攻防兼备,能很好克制住倭寇的战场优势。

戚继光鸳鸯阵模型

从整个明朝来看，帝国并不缺乏训练军队的方法，只是这些宝贵的经验由于不被重视而没有见诸文字，到俞大猷才作了扼要的阐述，而戚继光则写成了一部系统的操典式培训教程。

战争要取得胜利，时间至关重要，当时虽然还没有钟表，戚继光用捻珠作为代用品，按标准步伐的时间一步移动一珠，作为计算时间的根据。通过这样精密的考虑，几乎没有任何因素不在他的掌握之中。

此外，戚继光针对倭寇多配备葡萄牙火绳枪、火力凶猛的特点，也极为重视火器的运用，鸟铳、佛郎机和虎遵炮都成为"戚家军"的制式装备。只是受限于财力，火器的配备比例在全军仅占三成，而未达到最初设想的五成。即便如此，在戚继光的精心训练下，这支新军依旧成为一支精锐部队，磨刀霍霍，准备痛歼倭寇。

嘉靖四十年（1561年）四五月间，倭寇大举进犯浙江，船只达数百艘，人数达一两万，骚扰地区达几十处，声势震动远近，其中大股倭寇窜至宁海、桃渚、新河等地。戚继光确立"大创尽歼"的原则,在花街、上峰岭、藤岭、长沙等地大败倭寇,先后十三战十三捷,共擒斩倭寇一千四百多人,焚、溺死四千多人,使侵犯台州的倭寇遭到毁灭性的打击。与此同时,其他将领也在宁波、温州一带和倭寇交战十多次,取得重大胜利,浙江倭患基本平息。由于台州大捷,戚继光被提升为都指挥使,"戚家军"也闻名天下。

嘉靖四十一年(1562年),戚继光受命入闽剿倭,先后荡平横屿、牛田、林墩三大倭巢,随后回浙江补充兵员。戚继光刚离开,倭寇就相互庆贺说:"戚老虎去,我们还怕什么!"倭寇活动又猖獗起来,攻占兴化府(今福建莆田)城,随后又据平海卫为巢。嘉靖四十二年(1563年),戚继光抵达福建,于平海卫大败倭寇,随后率军解仙游之围,灭山贼吴平于南澳,基本平息了东南沿海的倭患。

《明皇经世文编》中记载,从1559年开始,戚家军屡次攻坚、解围、迎战、追击倭寇,未有败绩。戚继光一生战功显赫,但他最引以为傲的应该是他的"戚家军",那支在家国风雨飘摇时冲锋陷阵的钢铁军队。

影响

继光为将号令严,赏罚信,士无敢不用命。与大猷均为名

戚继光塑像

将。操行不如,而果毅过之。大猷老将务持重,继光则飙发电举,屡摧大寇,名更出大猷上。……戚继光用兵,威名震寰宇。然当张居正、谭纶任国事则成,厥后张鼎思、张希皋等居言路则废。任将之道,亦可知矣。

——《明史》

闻戚继光之备倭于南方也,沿海筑墙,间设烟台,自淮东至于广西,无不如是。而守备甚固,倭寇以此不敢下陆云。……北虏寇边,蓟镇总兵官戚继光,令中军将倪善领畿县军三万以赴之,盖以主将威信之素著,故军畏其令,而不敢扰民也。

——明·赵宪

血战歼倭,勋垂闽浙,壮猷御虏,望著幽燕。

——《明神宗实录》

郑和、于谦、张居正、戚继光、郑成功,都是千古不朽的豪杰。

——当代·黎东方

邓子龙(1528年—1598年),江西丰城(今江西丰城新庄镇邓家村)人,字武桥,号大千,别号虎冠道人,明朝杰出的抗倭将领、军事家、民族英雄。邓子龙先于福建、广东沿海抗倭,后又参与镇压江西、广东等地的农民起义军。万历十一年(1585年),邓子龙于攀枝花痛击缅甸军队。万历二十六年(1598年),在万历朝鲜战争中,邓子龙奉命参战,于露梁海战中不幸捐躯。

磨剑口占

磨就霜锋胆气雄,神光长射斗牛中。
张华去后无消息,千百年来起卧龙。

简析

宝剑新磨,剑光闪耀,霜锋映照着天上的星斗。晋代的张华隐没在历史长河之中,千百年来有几个卧龙那样的人物在为神州效力。

生平故事

提起发生于16世纪末的露梁海战,知道的人也许并不多。其实,此战在古代海战史上赫赫有名,它成功打击了倭寇的狼子野心,让一万两千多个倭寇葬身大海,五百多艘战舰灰飞烟灭。正是在此战中,明代抗倭名将邓子龙老将军壮烈捐躯。

1592年,日本太阁丰臣秀吉悍然发动侵朝战争,很快占领了朝鲜全境。朝鲜国王到大明求援,明朝政府派出援兵,将倭寇击退并制约于沿海一带。倭寇受挫退军,撤退的唯一通道便是露梁海。

1598年11月19日,朝鲜战争的最后一战在露梁海峡打响。露梁海峡是朝鲜半岛西南和南海岛之间的一段狭窄海域,地形险要,湍流多变,是海船驶往顺天的必经之路。中朝水师获知倭寇岛津义弘部来援,在此摆好了口袋阵,左路是陈璘率领的明朝水师,右路是李舜臣率领的朝鲜水师,前锋由明朝水师副总兵邓子龙担任。

邓子龙,江西丰城人,武举出身,作战勇敢,长期在南方沿海抗倭平叛,被朝廷称为"东南骁将",此时他已是年近古稀的老将。露梁海战中,邓子龙的任务是负责"扎口袋":率兵一千人,以三艘巨舰为前锋,埋伏于露梁海北侧,等倭寇船队进入海峡后,迂回切断其退路。

午夜将晓,岛津义弘的船队毫无防备地进入了露梁海口袋阵,遭到三面合围,露梁海立刻成了血肉战场。《惩毖录》里记载:"月挂西山,山影倒海,半边微明,我船无数,从阴影中来,将近贼船,前锋放火炮,呐喊直驶向贼,诸船皆应之。贼知我来,一时鸟铳齐发,声震海中,飞丸落于水中者如雨。"倭寇在中朝水师优势兵力的打击下损失惨重,很快被焚毁、击沉了五十几艘战船。岛津义弘部下死伤惨重,岛津家猛将桦山久高指挥几艘船奋勇冲破了包围,但这支孤军很快被分割包围,船只也搁浅在滩头上,倭寇不得不弃船步行作战。

激战中,岛津义弘指挥手下冒着重重炮火,直接向中朝水师悍然反攻。日本战国名将中,岛津义弘是个疯狂指数堪称第一的家伙,打了很多以寡敌众的恶战,就连逃跑都与众不同。1600年的关原大战中,西军溃败,决定突围的岛津义弘居然率领一千多萨摩兵不退反进,从东军统帅德川家康的本阵中杀出一条血路逃生,创造了一个"前退"的日本战争奇观。在岛津义弘的疯狂反噬下,老将邓子龙英勇战死。

邓子龙本来是在巨大的福船上指挥战斗,但老将人老雄风在,渴望立功的他在酣战中率领两百壮士跃上轻型的朝鲜船,直接杀入敌阵和倭寇进行白刃战,不料被其他船只误掷火器到船上,船只起火,不幸战死。因为是大将,邓子龙的首级随即被倭寇割走请功,明军最后抢来的只是邓子龙将军的无头遗体。战后,邓子龙的遗体被运回江西老家安葬,部下用沉香木雕刻了首级合殓。

关于这件事,万历年间的明人记载很多,如《万历野获编》《涌幢小品》的记载:万历戊戌,副总兵邓子龙领兵征倭,渡鸭绿江,有一物触舟,乃沉香一段,把玩良久曰:宛似人头。爱护之。后死于倭。载尸归,失其元,取香木雕为首,酷肖。明末朱国桢闻事叹曰:"沉香其殆怜而先知,愿与作伴作面目乎?"

邓子龙战死后,李舜臣接着战死,战争的最后一役,中朝竟然丧失了两员最忠勇的大将。露梁海峡的滔滔海水,承载了多少中朝将士的血泪!

影响

子龙,南昌人。骁勇善战,能尽其才,亦一时名将。乃存时仅一偏裨。屡为言者所攻,世之不善容才乃尔。沉香其殆怜而先知,愿与作伴作面目乎。

——明·朱国桢

播州之役,诸将用命,合八道师,历时五月,仅乃克之,可谓劳矣。刘挺勇略冠诸将,劳最多,其后死事亦最烈。邓子龙始事姚安,名与挺干,垂老致命,庙祀海隅。昔人谓"武官不惜死",两人者盖无愧于斯言也夫。

貌魁梧,骁捷绝伦。

——《明史》

武弁邓子龙,东南骁将也。

——《万历野获编》

陈璘(1532年—1607年),字朝爵,号龙崖,韶州翁源县(今广东省韶关市翁源县)人,明朝将领、抗倭英雄。陈璘于嘉靖末年屡平广东贼兵,万历二十六年(1598年)出征朝鲜,于露梁海战中痛击倭寇,立下援朝第一功。

赠李舜臣二首

其一

不有将军在,谁扶国势危?

逆胡驱襄日,妖氛倦今时。

大节千人仰,高名万国知。

圣皇求如切,超去岂容辞。

其二

堂堂又赳赳,微子国应危。

诸葛七擒日,陈平六出时。

威风万里振,勋业四维知。

嗟我还无用,指挥且莫辞。

简析

　　这是倭寇侵犯朝鲜之时,明朝派大将陈璘出征朝鲜,见到朝鲜大将李舜臣后的赠诗。诗中对李舜臣进行了赞美,把李舜臣比作汉朝的陈平和诸葛亮,最后两句用自谦的口吻表达了对对方的信任之情。

生平故事

　　1598年8月,日本朝野流传着一条惊人的消息:日本最高统治者丰臣秀吉病逝于大阪,时年61岁。据说,他临死前最后一句话是:"快把在朝鲜的15万大军撤回来!莫使他们做了海外野鬼!"

当丰臣秀吉喊出这句绝望遗言时,那支七年前他雄心勃勃派到朝鲜去的侵朝倭寇,此时却被来自朝鲜"父母之国"的明朝大军摁住了痛打,只能凭着朝鲜半岛南部的"倭

陈璘画像

城"苟延残喘。待到丰臣秀吉的家臣们一致赞同从朝鲜撤兵,急忙派使者去朝鲜送信时,却见各路倭寇早已不等传召就聚拢准备开溜,"灭朝鲜吞明朝"的美梦早被扔到九霄云外,就盼着赶紧跑路。

走?哪这么容易?倭寇要想安全地回家,还要问大明的海军答不答应!

明朝的海军实力,自开国时就出名强大,可此时瞪圆了眼要跑路的倭寇却还不算慌张,因为这个时候也是日本海军自我感觉良好的年月。在嘉靖年间那场持续数十年的东南大倭乱里,很多勾结倭寇的沿海海盗甚至豪族地主们,"慷慨"地把明朝战船技术出卖给日本。到了万历朝鲜战争第二阶段爆发前,日本更是不惜血本,加造了大批"山寨福船",然后凶狠扑向朝鲜。

实战更证明,日本的"山寨舰队",战力亦不容小觑。漆川梁海战中,朝鲜水师被日本舰队围攻,几百艘战舰全沉底,就剩了12艘船跑了回来。后来朝鲜名将李舜臣带领的那支朝鲜水师,全是明朝出钱出人帮忙重组的。

万历朝鲜战争接近尾声时,朝鲜军队前线望眼欲穿的大明海军终于在陈璘的率领下赶来了。其实,这支"正版"的明朝海军,兵力也就10000多,但战舰水平却极高,包括陈璘的广东水师与邓子龙的浙江水师,每艘战舰都堪称精华,其中体魄最大的一号福船,单佛郎机火炮就装备近20门。以《纪效新书》的记载,此时的明朝海军,也出现了类似同时代欧洲海军的"轮迭射击"战术,比起倭寇舰队来,确实具有碾压式优势。

也正是这强大的实力,令统领海军的明军总兵陈璘来到朝鲜后还没顾上休整,就在朝鲜国王的欢迎仪式上放了狠话:永绝争桑之患,肃清瀚海之波——把倭寇全打到海底去!

明朝海军的入朝第一战,是1598年9月的顺天大战。当时苦苦支撑的倭寇,已经暴露出要跑路的迹象。明军果断出拳,西路军刘綎率领两万人从陆路进攻倭寇的顺天新城,海军则由明朝的陈璘和朝鲜的李舜臣率领从水路策应。作为一位18岁从军、一刀一剑从战场上杀到高位的总兵,陈璘很快尽显大将风度。出名桀骜的朝鲜水军将领李舜臣对他无比钦佩,大家团结一心,发誓要叫倭寇血债血还。这时,陈璘他们得到消息:为接应侵朝倭寇撤退,大批倭寇舰队正在赶来。

陈璘决定在光阳湾口的猫岛与倭寇决战,切断他们的后路,彻底灭掉日本的主力舰队!载入史册的露梁海战爆发了!

13000名明朝海军和7000名朝鲜海军实行"围点打援",将猫岛附近的小西行长军困死在港口。小西行长左右突围就是出不去,无奈之下向附近的岛津义弘求援。

岛津义弘凭借着手下700多艘战舰,大摇大摆地向猫岛驶来,谁料半路遭到浙江海军名将邓子龙的埋伏。邓子龙手下只有3艘高大的福船,虽然体积远超倭寇,但毕竟只有3艘而已,岛津义弘命令先锋20艘快船击沉邓子龙的战船。

邓子龙指挥若定,待敌军进入射程后,下令炮击,20艘快船瞬间灰飞烟灭。岛津义弘眼看先锋失利,下令全军出击,非把这3艘福船送入海底喂鱼!

这时,陈璘和李舜臣的大军也赶到战场,士气大振的邓子龙奋勇当先,一时间火炮齐鸣,倭寇舰队还未接近就损失了100多艘战船。待弹药打完后,邓子龙率领全军与倭寇舰船展开肉搏。他带领200名敢死队,见人就砍,拖住了大批倭寇。

陈璘趁着倭寇注意力在邓子龙身上,在外围用火炮继续轰击,并命令副将去救邓子龙。可惜邓老将军在重围中,逐渐体力不支,倒在了熊熊烈火之中,享年70岁。李舜臣在追击倭寇舰队时也不幸中炮牺牲。

岛津义弘虽然击败了邓子龙和李舜臣,却惊奇地发现自己被明朝海军包围了!发了疯的岛津义弘迎着炮火向陈璘的战舰扑来。在这场肉搏战中,倭寇一度登上了旗舰,陈璘正面对搏。最危急的关头,他的儿子陈九为父亲挡下了致命的一刀,战况之惨烈可想而知。血战到中午,岛津义弘终于突破明军的包围,带来的700艘战舰只剩下了50艘,一溜烟地逃回了日本。这场长达7年的倭乱,终于在海上画上了句号。

万历朝鲜战争的胜利,见证了明王朝强大的海军实力。但事实上,距离这场战争半个世纪前,即16世纪中叶,明朝海军还一度衰退到惨淡地步,海防严重废弛,持续数十年的"嘉靖大倭乱"里,驾着"山寨明朝船"的倭寇也一度横行无忌,杀得明朝水师节节败退。幸运的是,明王朝清醒得也快,从嘉靖晚期起,明王朝开始重视海军建设,一支强大的明朝海军终于满血复活。他们不但佑护了那条通航世界的海上丝绸之路,更在露梁海上打出中华赫赫天威,叫野心勃勃的日本又乖乖在日本岛上龟缩了三百年。

影响

播州之役,诸将用命,合八道师,历时五月,仅乃克之,可谓劳矣。

——《明史》

大人鬓发尽皓,形容尽变,殊异于曩日接见之时,必用虑于战功之故。

——朝鲜宣祖

辟土开疆历经天纬地之功功盖古今人第一,出将入相有黼国黻家之才才兼文武世无。

——明神宗

有鸿鹄之志。人生得魁伟,膂力过人。

——当代·杨通全

李舜臣(1545年—1598年),字汝谐,号德水,朝鲜京畿开丰(今开城)人,李氏朝鲜时期名将,朝鲜半岛的民族英雄。日本入侵朝鲜时,李舜臣数次成功阻击入侵的倭寇,掐断倭寇的海上供给,为抵抗日本的入侵立下汗马功劳。其中鸣梁大捷和闲山岛大捷是李舜臣最负盛名的两场海战。1598年,李舜臣在露梁大战中阵亡。

用陈璘诗韵和诗二首

其一

赖天子勤恤,遣大将扶危。
万里长征日,三韩再造时。
夫君元有勇,伊我本无知。
只拟死于国,何须更费辞。

其二

若向中朝去,其于外国危。
南蛮更射日,北狄又乘时。
全节终须报,成功岂可知。
平生心已定,此外有何辞。

简析

这两首诗是和陈璘的诗。前两句表达对明朝的感激之情,朝鲜被侵略时,明朝及时派来了救援朝鲜于危难之中的大将和军队。

你们万里迢迢来此,对我们三韩有再造之恩,除了意志坚定地以死相报,没有别的言辞可以表达。

生平故事

在今天的韩国,李舜臣的知名度堪比中国的抗金名将岳飞或抗倭名将戚继光。

明朝万历年间,丰臣秀吉发动了侵朝战争,日本称为"文禄庆长之役",中国称为"壬辰战争"。

倭寇在朝鲜登陆,仅3个月的时间,就接连攻陷了朝鲜的京都汉城及平壤、开城等重要城市,朝鲜国王逃到鸭绿江边躲藏了起来,整个朝鲜如覆巢之卵,岌岌可危。李舜

李舜臣画像

臣指挥朝鲜水师奋起抗击,屡挫日本海军,牢牢地控制着制海权,迟滞了日本海军的进攻速度。5月上旬,李舜臣水师与日本海军在玉浦洋面上展开激战。

当时,倭寇傲气十足,不把朝鲜水师放在眼里,在玉浦港的日本战船上的大部分水兵一登岸,便进村庄抢劫去了。李舜臣乘敌不备,率85艘舰船隐蔽疾驶,直扑玉浦港,当即击沉、烧毁敌舰26艘,击毙倭寇1000余人,当晚又击沉击毁敌舰18艘,朝鲜水师仅一人负伤。

1592年5月29日,李舜臣率领备"龟船"的23艘战舰,与元均指挥的水师会合,准备向泗川洋面的倭寇阵地发动进攻。到达预定地点时,李舜臣发现敌人占据的地形险要,不利攻击,便随机应变,采取以退为进的战术,诱敌出港,准备在洋面上歼

灭敌人，日本海军见朝鲜海军不战而退，误以为是胆怯，即全力追击。待敌追至对朝鲜水师有利的海域时，李舜臣出其不意地转退为进，以"龟船"充当先锋，冲入敌阵，左冲右撞，往来穿梭，同时发射各种火炮，将敌舰撞破或击沉。其他战船也不甘示弱，箭炮齐发，日本舰队大乱。经过一番激战，倭寇参与追击的舰船不是被击沉就是被缴获。1592年6月2日，李舜臣率

舰队进攻唐浦敌军，令"龟船"冲向敌旗舰并将其撞破，同时纵火将唐浦的21艘敌舰全部烧毁。1592年6月5日，李舜臣与李仁祺部，采取诱敌出洋、前后夹攻的战术，又烧毁敌舰26艘。7月，朝鲜水师在闲山岛海战中击毁敌舰近百艘，一举歼灭敌海军主力。

1597年10月26日，倭寇以330艘战船和2万多的兵力向朝鲜水师发起进攻。在敌我双方兵力悬殊的情况下，李舜臣胸有成竹，沉着应战。他先派出一艘战船进攻敌舰，将大批敌舰引入鸣梁海峡。不久，潮水退落，敌舰被暗设的铁索、木桩阻挡，无法驶出。李舜臣即派水师反攻，以12艘战船击沉敌船30多艘，歼敌4000余人，这就是朝鲜历史上著名的"鸣梁大捷"，也是世界海军史上以少胜多的光辉战例。随后李舜臣移师古今岛（今莞岛），建立基地。

1598年12月，在露梁海战中，李舜臣与陈璘等指挥联合舰队大败敌船队，但在追击逃敌时中弹牺牲。

李如松(1549年—1598年),字子茂,号仰城,辽东铁岭卫(今辽宁省铁岭市)人,明朝名将,指挥过万历二十年(1592年)平定宁夏哱拜叛乱的战斗和壬辰抗倭援朝战争。李如松以其抗倭成就名垂千古,之后出任辽东总兵,在与蒙古部落的交战中阵亡。

赠朝鲜都休察使柳成龙

提兵星夜到江干,为说三韩国未安。
明主日悬旌节报,微臣夜释酒杯欢。
春来杀气心犹壮,此去妖氛骨已寒。
谈笑敢言非胜算,梦中常忆跨征鞍。

简析

李如松不是一个与人为善的人,更谈不上知书达理,他桀骜不驯,待人粗鲁,但这些丝毫无损于他的成就与功勋,因为他是一个军人,一个智勇双全、顽强无畏的军人。在短暂的一生中,他击败了敌人,保卫了国家,已经尽到了自己的本分。其实,他虽是武将,却并非粗人。他的诗句"春来杀气心犹壮,此去妖氛骨已寒。谈笑敢言非胜算,梦中常忆跨征鞍",四百年华已过,纵马驰骋之背影在诗中依稀可见。

或许是因为他太过年轻便捐躯沙场的缘故,就像最耀眼的一颗流星,在一瞬间陨落,却曾经照亮了整个夜空。

生平故事

16世纪末,日本权臣丰臣秀吉以武力统一了日本列岛,执掌了整个日本的军政大权,野心骤然膨胀,居然异想天开地制定了占领朝鲜、征服中国的战略,甚至狂妄地宣称"让自己的义子当中国的关白(日本官职)"。1592年4月13日凌晨,侵朝倭寇渡过对马海峡,在朝鲜釜山登陆,壬辰倭乱爆发!

当时统治朝鲜的李氏王朝,党争不断,互相倾轧,整个朝鲜武备松弛,"人不知兵二百余年",全国300多个郡县大多数没有城防。丰臣秀吉出动9路15万大军攻击朝鲜,领军的9名统帅都是日本战国时期的名将,如小西行长、加藤清正、岛津义弘等。

果然,倭寇挟内战一统日本之余威,一路攻势凌厉,势如破竹,短短两个月的时间,朝鲜三都(京城、开城、平壤)十八道全部陷落,倭寇一直挺进到鸭绿江南岸。

得意忘形的丰臣秀吉不但要求明朝政府承认日本以大同江为界占据朝鲜,同时还威逼菲律宾等大明属国臣服朝贡。消息传来,大明朝野一片哗然,明神宗朱翊钧(即万历皇帝)决定出兵朝鲜。

万历二十年(1592年)七月,第一支抗倭部队出征,人数为3000,统帅为辽东副总兵祖承训。在进攻平壤的过程中,祖承训的军队中伏,副将史儒战死,部队损伤惨重,祖承训侥幸死里逃生。

十二月,明朝政府任命刚刚结束宁夏战斗的李如松为东征提督,统蓟、辽、冀、川、浙诸军,克期东征。他的弟弟李如梅、李如柏任副总兵职,同军前往。十二月二十五日,明军在李如松的带领下,开赴朝鲜,参加了世界史上著名的壬辰抗倭援朝战争,这是"万历三大征"中的第二征。

1593年1月7日,东征大军兵临平壤城下。盘踞平壤的是日将小西行长指挥的侵朝倭寇第一军团。次日拂晓,明军发起总攻,上百门火炮猛轰平壤城头,火焰蔽空,震天动地,经过连续十轮的炮击,把守城倭寇炸得人仰马翻,惨不忍睹,连小西行长的将旗都被炸飞了,随后明军炮火开始延伸,轰击平壤城内各要点。第一轮炮火准备之后,明军各攻城部队呐喊着踏过结成坚冰的护城河扑到城下,喊杀声犹如天塌地裂,枪林弹雨中数百个攻城梯架上城头,一时间明军士卒密如蚁聚,争相攀登,平壤各门顿时陷入了激烈交战。

平壤倭寇虽伤亡惨重,但在小西行长的亲自督阵下仍然拼死抵抗,依托坚固高大的城池用弓箭火枪不断射击,同时把煤油浇下焚烧云梯,明军攻城部队伤亡迅速扩大,战场形势陷入白热化状态。临近午时,明军经过激烈的战斗攻克城北制高点牡丹峰,全歼倭寇2000余名,平壤城内倭寇立时乱作一团。李如松当机立断,传令全军:午时之前攻不下平壤,前锋营将领一律斩首;攻下城池,先登城者赏银5000两,临阵怯战者杀无赦!

军令一下,士气高涨的明军将士无不以一当十,蜂拥向前,明军火铳营和虎蹲炮也推进到城下实施抵近射击。李如松在前线督战时,坐骑被倭寇火枪击中,当即换马再战,其弟副将李如柏的头盔中弹,兄弟二人皆毫无惧色,指挥若定。

正午时分,10000名化装成朝鲜军的浙兵利用倭寇的麻痹轻敌心理攻上城南的芦门,砍倒了倭寇军旗,插上了明军的旗帜,明军不断攀上城头,欢呼声响彻云天。一门失守,六门皆惊,城头守军的意志瞬时崩溃了,纷纷弃城而逃,随后七星门也被明军大炮轰塌,明军骑兵如潮水般突入城内……在普通门督战的小西行长目睹此景面色惨白,下令残军退入城内的各土堡中死守,作最后的困兽之斗。

城内,残酷的战斗仍在继续,倭寇残余主力约9000人龟缩在练光亭、七星、普通三座大土堡及周围的十几座小土堡里负隅顽抗。由于道路狭窄崎岖,明军的大炮推不上来,倭寇火力很猛,进攻部队伤亡很大。李如松果断做出决定:停止攻击,采取围三阙一的战术,三面包围敌军,唯独留出南面的大道,诱使倭寇突围,同时派出信使给小西行长送信,大意是倭寇败局已定,为避免双方不必要的伤亡,只要倭寇撤出平壤,明军将不予拦截。小西行长接到李如松的信后犹豫不决,但是战场形势使他别无选择,守也是死,突围也是死,不如拼死突围或许还有一条生路。

天黑以后,倭寇派出斥候警戒,见无明军拦截,各土堡内大队人马蜂拥而出,借夜色掩护向城南杀去。倭寇一路畅通无阻冲出城外,城南不远就是大同江,时值隆冬,十里宽的江面全部冰封,倭寇先头骑兵部队迅速通过,倭寇大队人马喜出望外,争先恐后地过江,一时间江面上布满了人群。

就在这时,早已隐蔽待命的明军火炮突然开火,雨点般的炮弹落入过江的倭寇人群里,江面的冰层被明军重炮炸开无数条口子,加上倭寇马踏人踩,冰面裂口大面积崩塌,成群的倭寇掉进冰冷刺骨的江水中。侥幸逃上南岸的倭寇惊魂未定,埋伏在南岸的明军骑兵部队已经等候多时!惊骇万状的小西行长丢下大队人马,仅率轻骑部队一路狂奔,沿途被明军、朝鲜军、朝鲜义军连番追杀,最后总算在开城倭寇的接应下撤回黄海道。据《日本战史》记载,平壤之役后,小西行长部减员11300余名,仅余6600人,减员近三分之二,完全丧失了战斗力。李如松凭此一战,威名远播中、日、朝三国,奠定了李如松在中国历史上一代名将的历史地位。

大明王朝出兵的消息如同炸雷一般令整个朝鲜半岛的倭寇闻风丧胆,平安道、江源道、黄海道、咸镜道、开城的日本驻军纷纷放弃城池争相南逃,李如松率军入朝参战仅仅一个多月,便收复失地五百余里,朝鲜三都十八道已收复平壤、开城二都及黄海、平安、京畿、江源、咸境等五道。大军继续向南开进,兵锋直指王京——汉城。

碧蹄馆是位于汉城以北十五公里处一座小山丘上的一个驿馆,1593年1月24日至25日在这里所爆发的一系列激战,让这个原本默默无闻的小小驿馆载入了世界战争史册。1593年1月24日,明军的一支侦察部队约3000名骑兵在汉城郊区迎曙驿与倭寇北上诱敌部队加藤光泰部遭遇并爆发激战,明军大胜,斩敌首600余级。加藤光泰败退后,立刻报告了汉城日本军总部。随后,倭寇第六军团主力及第三军团、第九军团各一部共36000余人先后赶到战场,他们认为这是明军的大部队,准备将这支明军包围在碧蹄馆,一场前哨战迅速演变成为一场大规模的战场遭遇战,壬辰战争史诗中最惊心动魄的碧蹄馆大战打响了。

日本主将、第六军团指挥官小早川隆景认为,这是明军发起总攻的前兆,消灭眼前这支孤军是在发起总攻之前消灭其有生力量的绝佳战机,他计划以绝对优势兵力围歼这支明军,在短时间内迅速结束战斗。此时小早川隆景绝没有想到,自己吞下的不是一块肥肉,而是一块烧红的烙铁。

被包围是由明军副总兵查大受指挥的3000辽东铁骑,曾经在关外与沙漠蛮族较量过的百战雄师,明军精锐中的精锐,配备了佛郎机火炮战车(最大射程1000米,后填装弹,发射散弹时一发炮弹带有500发子弹,可以封锁60米宽的正面)和大量三眼火铳、集束火箭(明军常备武器中的一种,手动点火,射程300米,一次发20枝的称为"火龙箭",32枝的称为"一窝蜂",49枝称为"飞廉箭",100枝的称为"百虎齐奔")。

碧蹄馆一战,3000人的明军(到战斗即将结束时增至5000人)与十几倍的倭寇激战一昼夜,以战车为工事,先以佛郎机炮、火铳、火箭的压倒性优势火力大量杀伤倭寇,再以骑兵的短促出击消灭逼近的足轻步兵,击退了倭寇一次次潮水般的进攻。战斗进行到最惨烈的阶段,明军仅余900余骑,弹丸、火药全部耗尽,但大明军旗始终屹立不倒,高高飘扬在碧蹄馆上空。残酷的战斗持续到25日,李如松和副将杨元先后率骑兵共2000人前来救援,从倭寇侧翼发起猛攻,倭寇经过一昼夜激战伤亡惨重,已成强弩之末,误认为明军主力发起总攻,遂仓皇撤回王京。

此战,明军伤亡2500余人,倭寇伤亡超过8000人,阵亡倭寇将领高达十五员之多,可见当日战况之惨烈。

碧蹄馆大战是中日壬辰战争中明军以少胜多的经典战役,明军强大的战斗力极大震慑了倭寇,使其彻底丧失了与明军对战的信心。12万倭寇面对仅仅3万多明军竟然龟缩一团,不敢出战,而明军由于兵力有限,无法展开强攻,于是双方在汉城一线展开对峙,一时间战局似乎陷入了僵局。

但是,这种对峙局面很快就被李如松打破。龙山大仓本为朝鲜国仓,积贮了朝鲜数十年的粮食,汉城被倭寇占领后,龙山大仓就成为汉城倭寇的军粮库,后来倭寇运来的粮食都存于此地。李如松得到这一情报后,密令查大受和李如梅率敢死队700名勇士深夜奇袭龙山大仓。十三座大仓,数十万石粮食,一夜间被烧得干干净净。夜袭龙山之战,精彩处堪与官渡之战中曹操夜袭乌巢相比,明军仅以微小的代价就将十几万倭寇置入绝境。

军粮一失,朝鲜半岛的倭寇全线被动,陷入前所未有的困境。不久,日本便被迫与中朝达成停战协议。4月18日,倭寇撤出京城。5月2日,倭寇大部分退到了釜山一带,交还了俘虏的朝鲜二王子。李如松于4月19日率东征军开进京城,5月15日收复庆州。至此,除全罗和庆尚二道部分沿海地区为倭寇所占领外,其余各地全部收复。明军留下一万人驻守朝鲜,其余大部于7月底回国。东征大军在入朝参战的短短四个月的时间里,掠地千里,横扫半岛,收复平壤、开城、王京(汉城)三都,打出了赫赫声威。

影响

　　山人写竹略形似,只取叶底潇潇意。譬如影里看丛梢,那得分明成个字。公子远从辽东来,宝刀向人拔不开。昨朝大战平房堡,血冷辘轳连鞘埋。平房之战非常敌,御史几为胡马及。有如大酋之首不落公子刀,带胄诸君便是去秋阮游击。不死虏手死汉法,败者合死胜合优。公子何事常忧愁,一言未了一叹息,双袖那禁双泪流。却言阿翁经百战,箭镞刀锋密如霰。幸余兄弟两三人,眼见家丁百无半。往往弯弓上马鞍,但有生去无生还。只今金玉光腰带,终是铜瓶坠井干。兼之阿翁不敢说,曾经千里空胡穴。武人谁是百足虫,世事全凭三寸笔。山人听罢公子言,一虱攻腰手漫扪。欲答一言无可答,只写寒梢卷赠君。

——明·徐渭

李化龙(1554年—1611年),字于田,号霖寰,明直隶大名府长垣县(今属河南)人,万历二年(1574年)进士,历任嵩县知县、南京工部主事、右通政使。万历二十二年(1594年),李化龙巡抚辽东,多次阻击了蒙古贵族的侵犯。后来李化龙总督湖、广、川、桂军务,讨杨应龙,率军平定了西南地区的播州叛乱,为我国统一的多民族国家的巩固做出了积极的贡献。

出师二首

其一

我本良家子,从征已多年。炎蒸犯百粤,雨雪到辽天。
身经三百战,名姓列燕然。今来下夜郎,四顾心茫然。
山鬼当昼啼,巴蛇气成烟。剑峰排青空,鸟道出其巅。
相逢短兵接,失足落重渊。遥望毒雾中,跕跕堕飞鸢。
男儿宁斗死,断不裹创还。

简析

本诗以一个战士的口吻描写征战之苦。诗中描写的主人公为一个身经百战的将士,经历过南方的炎蒸和北地的朔寒,也在大大小小的征战中成长为一个有赫赫战功的将领,可以说征战经历已经是十分丰富了,但是来到四川,看到更加恶劣的征战环境,"山鬼当昼啼,巴蛇气成烟",在狭窄的小路短兵相接,一失足就会掉下万丈深渊,"遥望毒雾中,跕跕堕飞鸢"(此句用了马援的典故,表现瘴疠环境的危险),也不禁"四顾心茫然"。艰苦的环境并没有削弱将士的斗志,最后一句"男儿宁斗死,断不裹创还"表达了主人公马革裹尸、报效国家的决心。

生平故事

万历二十二年（1594年）夏，李化龙擢右佥都御史，巡抚辽东。把兔儿弟炒花据旧辽阳以北，居两河之中，勾结当地土蛮与朝廷作对。其年四月，把兔儿围兵辽阳，朵颜小歹青、福余伯言儿分别进军锦、义。李化龙与总兵董一元定计先击把兔儿、伯言儿，伯言儿中流矢死，把兔儿被伤。后来把兔儿、小歹青、卜言台周互相勾结，准备卷土重来。李化龙与董一元严阵以待，董一元又率兵出塞，重创敌军，把兔儿伤重而死，边患终平。

万历十七年（1589年），杨应龙叛乱，烧杀掳掠，时叛时降，反复不定。朝廷即任李化龙为川贵湖总督兼四川巡抚，主持平定杨应龙叛乱。开始时因军事力量、粮草等不济原因，李化龙先用缓兵计稳住杨应龙。万历二十八年（1600年），李化龙调兵遣将，聚集粮草，指挥明军分兵八路进发——总兵刘綎出綦江（播州的北面），马礼英出南川，吴广出合江，曹希彬出永宁，童无镇出乌江，朱鹤龄出沙溪，李应祥出兴隆卫，陈璘出白泥，每路约三万人，共计二十余万人。明军一路势如破竹，其中又以刘綎部最善战，三月二十九日破娄山关（今贵州遵义县北九十里），娄山关既失，播州无险可守。四月十六日，杨应龙退守海龙囤（贵州遵义西北）。五月十八日，明军会师于海龙囤下，轮番进攻。六月，刘綖大破大城。六月初六，杨应龙知大势已去，与二妾周氏、何氏自缢死。明军入城，播州全境平定。十二月，李化龙班师回朝，磔杨朝栋、杨兆龙等于市。播州之役仅用了一百一十四天，即剿灭了号称"半朝天子"的杨应龙，使盘踞播州八百年之久的这个"国中之国"土崩瓦解，是为万历王朝获得大捷的"三大征"中最为快速、漂亮之一役。

万历三十六年（1608年），蒙古朵颜部攻扰蓟州，数万居民逃进京师。京师戒严，九门白日关闭。李化龙受命为戎政尚书，掌管京师防卫重任，后又执掌兵部，请以三十万银补蓟镇缺饷，并修守备，稳定了局势。

影响

公于诗，长短大小，轻重疾徐，无不如意，则不穷于才；阴晴舒惨，悲喜聚散，咸极真趣，则不穷于情；比物连类，援古证今，咸切事情，则不穷于养；开阖变化，气格音韵，咸准古人而中绳墨，则不愆于法。具是四者，而刚大之气实宣泄之。故能上凌《风》《雅》，下逼汉、唐，大历而后莫敢望也。不宁惟是，凡公所为，破北虏，俘夜郎，辟土启疆，树骏流鸿，虽谋犹壮哉！亦浩然之气塞于两间，能笼盖宇宙而震慑华夷也。

——明·黄克缵

公弱冠能古文辞，为齐鲁河洛人师，视北地历下倍之，未四十而开府，未五十而公孤，名位比肩文正。东北讨虏距倭，西南定播，斥地数千里，为郡县开洳通漕，皆宇宙创见事，绛灌随陆，元刘姚宋，昔人所叹其难兼者，公已具足。而所为诗，复奄有三李先正之美,则益奇矣。

——明·李维桢

于田诗不专学一家,然自不诡于作者。其堂堂正正,佩玉垂绅之度,可敬也;而妍姿秀色,可挹也。其欱日欮云,笼盖一世之气,可骇也;而温和平粹,可爱也。其江奔河激,飞湍于寸毫,可畏也;而微言醰味,可绎也。其龙鳞凤羽,五色组绚,可观也;而雅淡古质,可贵也。其慷慨激烈,如荆高之筑,可悲也;而婉娈婵媛,又可念也。出之若不经意,而寄兴自逸。古调近体,长篇短韵,廊庙江湖,天地山川,草木昆虫,大人儿女之情,无所不能言,无所不极其妙。此所谓洞彻无遗之识,员神不滞之才非耶。是故其为令,则泽浸嵩少之草木;其兴文教,则河洛齐鲁之士斐然向风;其仗钺辽左,则勒燕然之石;其受剑征反杨酋,则开夜郎之途;其治河,则冯夷效灵,天吴弥首。

——明·赵南星

孙承宗(1563年—1638年),字稚绳,号恺阳,北直隶保定高阳(今河北)人,明末军事战略家,曾为蓟辽督师,修筑宁锦二百里防线,统领军队十一万。皇太极包围京都时,孙承宗运筹帷幄将清军击退。崇祯十一年(1638年),清军大举进攻,孙承宗领家人守卫高阳,一家人全部战死。

春怀六首

其三

一剑三年万里心,天涯芳草又骎骎。
壁图昼按车攻垒,朝鼓宵传奏凯音。
款市黄金腾战马,放衙白发拥书蟫。
春来绝塞寒仍苦,堠火征衣半不禁。

其四

呼吁频烦扣大庭,汉臣应笑次公醒。
襟披海色粘天碧,旆拔山容插地青。
万顷冰花凝晓月,半泓云叶护残星。
椒盘剩有家园酒,箫鼓那堪塞上听。

简析

这两首边塞诗写得清冷沉郁。前一首写了边塞的景色和气候,以及征战的艰苦;后一首隐含了诗人对局势的忧虑。

中右所不寐

满城铃柝夜如何,檐马西风搅梦多。
白发萧萧人不寐,半规新月照沙河。

简析

这首诗写的也是征战之时,满耳听的都是边塞的铁马夜柝,诗人长夜不寐,看到天边的冷月无声照着沙河,画面清冷,令人读后产生沉郁悲壮之情。

生平故事

天启二年(1622年),后金军入侵,广宁城守王化贞弃城逃走,经略熊廷弼退守山海关。孙承宗于是自请为督师,皇帝朱由校亲自将孙承宗送出宫门,并赐给他尚方宝剑、坐蟒等,内阁大臣将他直送到崇文门外。

孙承宗画像

孙承宗上任后,让江应诏制定军事编制,袁崇焕建造营房,李秉诚训练火器装备,鹿善继、王则古处理军需物资,沈棨、杜应芳维修甲仗,孙元化修筑炮台,宋献、程仑购买军马,万有孚采伐树木,祖大寿辅助金冠守觉华岛,陈谏助赵率教守前屯,鲁之甲拯救难民,杨应乾招募辽人编制成军队。

崇祯二年(1629年)十一月,后金军大举进攻,从大安口直取遵化,快要直逼都城。朱由检下诏命孙承宗驻守通州。孙承宗于是领二十七名骑兵出东便门,直奔通州,与保定巡抚解经传、御史方大任、总兵杨国栋固守通州。但不久之后,后金军绕道直逼京都,孙承宗于是派遣尤岱率领三千骑兵支援,派遣刘国柱率领二千兵马与尤岱回合,调三千密云兵驻守东直门,五千保定兵驻守广宁门,又派人收复马兰、三屯二城。

崇祯三年(1630),后金军占据遵化、永平、迁安,又分兵攻取抚宁。抚宁是史可法在守,后金军攻取不下,又转攻山海关,又攻不下,于是后金军又攻抚宁及昌黎,可还是攻不下。而孙承宗抚慰溃军,祖大寿等重归于麾下,又有马世龙及四方援军,孙承宗又招募大量死士沿海守卫直达京师。

京都戒严后,全国各地来勤王的士兵多达二十万,在蓟门及京畿一带驻扎,孙承宗令东西各营一起进兵。五月,祖大寿、尤世禄等攻克滦州,王维城等攻克迁安,孙承宗占据永平,谢尚政攻克遵化,后金军溃败而走。

1636年,皇太极改国号为大清。崇祯十一年(1638年),清军大举进攻。十一月,清军进攻高阳,孙承宗率领家人守城,城破被擒,孙承宗自缢而死,年76岁。

影响

汉则孔明,唐则裴度。

——明思宗

承宗以宰相再视师,皆粗有成效矣,奄竖斗筲,后先龋扼,卒屏诸田野,至阖门膏斧锧,而恤典不加。国是如此,求无危,安可得也。夫攻不足者守有余,度彼之才,恢复固未易言,令专任之,犹足以慎固封守;而廷论纷呶,亟行剪除。盖天眷有德,气运将更,有莫之为而为者夫。

——清·张廷玉

袁崇焕(1584年—1630年),字元素,号自如,广东承宣布政使司广州府东莞县石碣镇(今属广东省东莞市)人,明末著名军事家、政治家、文学家,著名的民族英雄、抗清名将。袁崇焕于万历四十七年(1619年)中进士,后进兵部,守卫山海关及辽东,先后取得宁远大捷、宁锦大捷等,多次击败后金部队进攻。由于"己巳之变",明思宗下旨诛杀袁崇焕。

哭熊经略二首

其一

记得相逢一笑迎,亲承指授夜谈兵。
才兼文武无余子,功到雄奇即罪名。
慷慨裂眦须欲动,模糊热血面如生。
背人痛极为私祭,洒泪深宵哭失声。

其二

太息弓藏狗又烹,狐悲兔死最关情。
家贫资罄身难赎,贿赂公行杀有名。
脱帻愤深檀道济,爱书冤及魏元成。
备遭惨毒缘何事,想为登坛善将兵。

简析

熊经略,即熊廷弼(1569—1625年),明末著名将领,因前后两次任辽东经略,故称"熊经略"。

天启五年(1625年),熊廷弼被朝廷冤杀,并"传首九边"。

这两首诗是袁崇焕在熊廷弼被杀后的激愤之作。第一首首联回忆二人旧识情景,声气相投,政治见解一致,感情深厚。颔联上句盛赞熊廷弼"才兼文武无余子",下句"功到雄奇即罪名"和第二首的"备遭惨毒缘何事,想为登坛善将兵"表明了诗人的怨愤不平。

诗句揭露了大明朝廷杀害熊廷弼的罪名不能成立,更重要的是揭示了封建社会的一种普遍现象,即那些立有不世之功的能臣干将大多没有好下场,给他们安的罪名尽管各有不同,但究其原因还是他们建立的功勋为他们招来了杀身之祸,春秋时期的文种、汉代的韩信、宋代的岳飞都是"功到雄奇即罪名"的例证。他们要么是被皇帝猜忌,要么是被同僚妒恨,最后随便给他们安个什么罪名,就可以置他们于死地,而那些不世的功勋是他们获罪的真正原因。

熊廷弼死后,被"传首九边",意思就是人被杀以后,将头颅割下来,传送到北方九个重要边镇去示众。"九边"是指明朝在北部边防线上相继设立的辽东、宣府、蓟州、大同、太原、延绥、宁夏、固原、甘肃九个边防重镇,史称"九边重镇"。"传首九边"是明朝对北方边防"罪将"感觉杀头还不解恨的进一步处罚方式。统治者大概是想用这种方式震慑戍边将士,以期达到杀一儆百的目的。

当时袁崇焕领兵辽东,以宁前兵备副使镇守宁远。袁崇焕看到熊廷弼的首级"慷慨裂眦须欲动,模糊热血面如生",悲愤交加。最后一联写"背人痛极为私祭,洒泪深宵哭失声",诗人心中惨痛之极,又有鸟尽弓藏、兔死狐悲之感。

第二首中"脱愤愤深檀道济,爱书冤及魏元成",檀道济是刘宋文帝时大将,当时北魏和宋是南北对峙,檀道济立功数朝,威名日重,引起了朝廷的猜忌。当时文帝久病不愈,执掌朝政的彭城王刘义康及领军将军刘湛担心文帝晏驾后,难以钳制檀道济,便向文帝屡进谗言,劝其尽早除掉檀道济,以绝后患。元嘉十三年(436年),檀道济奉诏回京。临行前,其妻向氏说:"震世功名,必遭人忌,古来如此。朝廷今无事相召,恐有大祸。"檀道济却说:"我率师抵御外寇,镇守边境,不负国家,国家又何故负我心。"于是坦然入京。不料,朝廷以"图谋不就"之名逮捕檀道济,旋加杀害,同时被杀害的还有檀道济的十一个儿子及薛彤、高进之等大将。临刑前,檀道济投帻于地,愤怒地喊道:"汝自毁汝万里长城!"

入狱

北阙勤王日,南冠就絷时。果然尊狱吏,悔不早舆尸。

执法人难恕,招诬我自知。但留清白在,粉骨亦何辞。

简析

当日叩北阙保卫王城之日,是我下狱的时候。颔联用岳飞的典故,颈联表明自知绝不能幸免,尾联表明心志。

狱中对月

天上月分明,看来感旧情。当年驰万马,半夜出长城。

锋镝曾求死,囹圄敢望生。心中无限事,宵柝击来惊。

简析

天上的月亮总是容易让人想起旧事。诗人又想起当年号令千军万马夜半在战场上与敌人交锋。无论在战场还是狱中,生死早已置之度外,心中的无限感慨被狱外的宵柝之声惊回现实。

临刑口占

一生事业总成空,半世功名在梦中。
死后不愁无勇将,忠魂依旧守辽东。

生平故事

在袁崇焕短暂而充满争议的一生里,天启六年(1626年)正月一定是个转折时刻。在此之前,他与大部分大明朝臣一样,是一个饱读圣贤之书、进士出身的普通文官。在此之后,他却在宁远城下力挫努尔哈赤铁骑,以名将的姿态进入了人们的视野……

1618年,努尔哈赤以七大恨告天,兴兵伐明,进兵抚顺。

袁崇焕画像

而天启年间的大明,大奸大恶的太监魏忠贤正在走向"九千岁"的辉煌,不遗余力地排挤东林党领袖、帝师、正在抗击清军的孙承宗,并让阉党高第代替孙承宗出任兵部尚书,经略辽东、蓟镇、天津、登、莱等处军务。

明熹宗朱由校则躲在偌大的皇宫院落里,专心致志地施展他那天才的木匠手艺。

自努尔哈赤攻陷抚顺以来,明朝在辽东的总兵官阵亡的共14人。所以说,京师朝野官员可谓谈敌色变,边地将军士兵可谓畏敌如虎。

高第怯敌畏战,根本不愿上任。他"叩头乞免",但魏忠贤不听,强令他出任经略,出征前线,结果升了官的高第反而"日夜忧泣"。

在孙承宗督师期间,明军曾先后修复大城九座、堡45座,练兵11万,初步建立了以宁远、锦州为主体,杏山、松山、右屯、大凌河、小凌河等城遥相呼应的防线,军事形势已经大为好转,但当时庸臣怯将们谁也不想冒险守关外,高第也不例外。他本靠攀附魏忠贤而升官,于兵事一窍不通,一到山海关,就一反孙承宗的部署,以尚方宝剑相威胁,严令关外将士全都撤回关内,关外十余万的米粟粮草被丢弃。

眼看宁锦防线即将毁于一旦,袁崇焕气愤地反对,高第反而下令袁崇焕一并撤兵退回关内,连宁远前屯卫也不要了。

袁崇焕坚决反对撤兵,他说:"我们好不容易在关外站稳脚跟,哪能轻易放弃!"

高第硬要袁崇焕放弃宁远,袁崇焕气愤地说:"我的职守是防守宁远,要死也死在那里,决不后撤。"高第无法,放任他驻扎在宁远这座孤城,任其在边防前线自生自灭。就这样,山海关外的所有官民部队全部撤进了山海关,只留下了一个宁远城。

老于战事的努尔哈赤自然不会放过这个明军自撤藩篱的良机,决定师指宁远城,进攻袁崇焕。经过数年休养生息,此次后金军容之盛自然雄伟壮观。后金兵连克七城,长驱直入,"如入无人之境",于正月二十三日直抵宁远城下。

宁远城背山面海,居山海要冲,扼边关锁钥。袁崇焕得知后金兵来攻,决心死守孤城,坚决抵抗。他下令尽焚城外房舍,坚壁清野,转移城厢商民入城,又派人稽查奸细,巡守街巷路口,使得"宁远独无夺门之叛民,内应之奸细"。全城军民同仇敌忾,誓与努尔哈赤决一死战。

当然,袁崇焕并不是徒凭血气之勇,在宁远的坚城之上排列着袁崇焕真正的"秘密武器"——11门"红夷大炮"。这些前装滑膛炮是天启元年(1621年)明朝的钦差大臣持兵部檄文从澳门的葡萄牙人处购得,威力之大远胜传统的中国火器。努尔哈赤对于这种新式大炮的力量一无所知。

天启六年(1626年)正月二十三日,努尔哈赤率军到达宁远,在宁远城下却遇到了他的克星。后金兵开始猛烈攻城后,布置在宁远城头的11门"红夷大炮"开火,射界覆盖城池周围所有的地面,大炮"循环飞击,每发糜烂数重",发射释放的浓烟密布数里,"每用西洋炮,则牌车如拉朽"。当后金兵接近城墙时,又遭到城东南和西南两角铳台火炮的交叉射击,死伤惨重。明军发射一炮可以轰倒一百多人,城外的后金军队尸积如山,努尔哈赤也被击伤。

但后金兵不顾死伤累累,踏着尸体拼命向城下推进,不少牌车还是到了城墙根。在大炮不能直射的死角,躲在牌车内的士兵用斧镬凿城不止,凿出三四处高约两丈的大洞。袁崇焕见情况危急,亲自指挥守兵投掷火球、火把,并把柴草浇上油脂掺上火药系在铁索上,点火后垂放城下,焚烧牌车。

后金兵遭受重大伤亡,战至二更时分,努尔哈赤不得不下令停止攻城。双方激战三日,后金军在西洋大炮、中小型火炮及其他火器射击下,伤亡至少上千人,攻城器械尽成废物,只能黯然败走。

努尔哈赤自25岁兴兵以来,43年的不败威名竟被"红夷大炮"击得粉碎。努尔哈赤连伤带郁,几个月后便去世了。

宁远之战令后金遭遇政权建立以来的第一次重创,是明与后金自抚顺首次交锋以来所取得的唯一一次大胜仗,它打破了后金兵不可战胜的神话,袁崇焕也因此一战成名。

翌年,皇太极欲为其父报仇,亲率两黄旗、两白旗精兵,围攻宁远、锦州,攻城不下,野战不克,损兵折将,连夜溃逃。袁督师大名从此威震辽东,令后金兵闻名丧胆。

此后,袁崇焕提出了自己的治辽方案,"以辽人守辽土,以辽土养辽人"。实际上,驻防宁远是一个战略大计,此时远在北方的锦州就是一个堡垒,侦察前哨。有锦州,宁远也就成了内地,山海关就是内地中的内地。

宁远到锦州两百余公里,这样一来,一下子就把整个山海关的防线往北拓展了四百余公里,这样就形成了以宁远为中心的山海关——宁远——锦州的防御体系。一旦后金侵犯明朝,首先要破锦州,再过宁远这一关,这样明朝就有充足的时间和土地来打这一仗,从而保证山海关的安全。山海关安全,北京即安全。努尔哈赤和皇太极一直为此头疼,也一直没有破关。这座城墙把明朝的敌人挡在山海关外达21年之久。

锦州、宁远、山海关一线有袁崇焕把守,后金进攻多次,付出了极为惨重的代价,也无法从这条线路前进一步。皇太极攻不破袁崇焕的宁远防线,就听从谋臣的建议,结交蒙古,用外交抚和蒙古喀喇沁部,想要取道蒙古,袭击北京。

皇太极的后、妃都是蒙古人,后来清廷的后妃中也以蒙古女子居多,由此也可见他对蒙古的重视。

袁崇焕也注意到了这个问题,他在奏章中提到:"臣在宁远,敌必不得越关而西；蓟门单弱，易宿重兵。"他几次上疏陈述蒙古的重要性，结果这些建议被蒙上了厚厚的灰尘。更可笑的是，朝廷还命令袁崇焕不准接触喀喇沁部。

当情报说到蒙古喀喇沁部的使臣出现在盛京的时候，袁崇焕忧心忡忡。

1630年，皇太极统率十万大军绕过袁崇焕的防区，越过平地松林进入蒙古大草原，从北面威胁长城的重要关隘喜峰口。

明王朝的边防军除了袁崇焕的辽东铁骑外，其他边防皆不堪一击，清兵很轻易地越过长城南下，威胁明王朝的首都北京。

此时在北京的崇祯皇帝心急如焚，因为遵化破，北京外围就无防线；在遵化的皇太极也是心急如焚，因为在此耗时间太久，明朝各地"勤王"的军队就会蜂拥而来，到那时候他想回东北老家都不太容易了。

在路上勤王救驾的袁崇焕也是心急如焚，大部队还在后面，他和祖大寿只带了骑兵救援，他担心皇太极攻下遵化，直奔北京，他也担心在路上遇上皇太极的部队对他进行骚扰，让他不能及时到达北京。

经过两昼夜急行军，袁崇焕仅率骑兵9000人，赶到北京。此时是寒冬腊月，袁崇焕率军在郊外露宿扎营，比皇太极先到两日。

当后金部队知道袁崇焕到了北京后，着实是大吃一惊，他们没想到袁崇焕的部队来得这么快。

在广渠门，袁崇焕和后金部队展开了一次殊死之战，两军激战了10小时左右，后金部队撤退，京师保卫战取得胜利。

崇祯皇帝命袁崇焕乘胜进击，一个劲地催促袁崇焕出战。

尽管明军取得北京保卫战的首场胜利,但毕竟是孤军深入,兵力不够,何况在北京附近打,皇帝一擒,万事皆休。此时此刻,各地"勤王"的军队还没有全部到齐,这些优势、劣势,袁崇焕不会不考虑。而毫无耐心的崇祯皇帝又惊又怕:你袁崇焕在北方待的时间那么长,现在又不听我的,难道有异心不成?

此时的京城已经流言四起,百官不说其他防线抵抗不住清兵,却猜测是袁崇焕放皇太极入关。十一月二十三日,崇祯皇帝召见袁崇焕,当日就把袁崇焕下狱。在场的大学士成基命请崇祯皇帝务必慎重,不要轻信流言,崇祯不理。后来众多大学士请求释放袁崇焕,崇祯仍是不理。

袁崇焕被捕后,赶往北京勤王的袁崇焕部下祖大寿决定不再为皇帝卖命,率袁军往东向山海关奔去。而此时正南下赴援的袁军主力在途中听说主帅被擒,自然也就掉头回去。

至此,崇祯又慌了起来,下圣旨命祖大寿回来,祖大寿不理。崇祯没办法,只好让袁崇焕写信劝祖大寿回来。信使带着袁崇焕的亲笔信,追上袁军,袁军已在山海关外了。祖大寿想靠杀敌立功,以求皇上放回督师。袁军在祖大寿的领导下,即日回兵,连打胜仗,逼退了皇太极。皇太极退兵后,祖大寿上书,愿意削职为民,靠自己的功劳赎袁崇焕的罪。崇祯不准,于第二年八月十六日将袁崇焕凌迟处死。

祖大寿率兵投降了皇太极,明军军心大乱,再加上欠饷和指挥混乱,山西和陕西的两路援军都溃散回乡,成为"流寇"的骨干。从此,溃兵加入流民,使得流民有了军事上的领导,农民起义风起云涌,明王朝的内忧外患日益加剧。

影响

朕用兵以来,未有抗颜行者。袁崇焕何人,乃能尔耶!

——清太祖

当是之时,非无贤才也。袁崇焕以间诛,孙传庭以迫败,卢象升以嫉丧其功。此三人者,皆良将,国之宝也,不得尽其才而枉陷于死。使当日者有一张居正为之相,则间必不行。师出有时,嫉无所施,各尽其才,而明之天下犹可不至于亡。

——明末清初·唐甄

初,虏势张甚。人心惶骇欲遁。自崇焕坚拒,气始振。……藤县(袁崇焕)之于东陲,亦勋劳多矣!初,经略高第议弃宁前锦右。果如其说,则辽西将非国之有也。赖藤县力持,成宁远之功,士气少奋。

——明末清初·谈迁

自辽事者,所用人鲜有胜任者。当时所望成功者,惟熊廷弼、袁崇焕、孙承宗。

——明末清初·计六奇

袁崇焕督师蓟辽,虽与我朝为难,但尚能忠于所事。彼时主暗政昏,不能罄其忱悃,以致身罹重辟,深可悯恻。

——清·乾隆

若夫以一身之言动、进退、生死,关系国家之安危、民族之隆替者,于古未始有之。有之,则袁督师其人也。

——近代·梁启超

孙传庭(1593年—1643年),字伯雅,又字白谷,代州镇武卫(今山西代县)人,万历四十七年(1619年)进士。明崇祯十五年(1642年),孙传庭任兵部侍郎,总督陕西,后升为兵部尚书。孙传庭带兵镇压李自成、高迎祥,由于时疫流行,粮草不足,兵员弹药缺少,朝廷催战,无奈草率出战,后兵败,在陕西潼关战死,马革裹尸。

伍家集早发

荒村夜不寐,明发揽征衣。残月沉高树,疏星照短帷。
鸡声催晓乱,暝色入晨微。渐觉春寒薄,东林日欲晖。

简析

这首诗写在辛苦的征途中的早晨所见。军队在荒村中露宿,天有一些光亮就整装出发。残月还未隐去,星星还在天边。鸡叫声响在树木中,走着走着觉得春寒渐渐下去了,感到太阳要升上来了。诗人用一个片断写了征途之中宵衣旰食的辛苦。

留别吴鹿友中丞四首

其一

自是英雄别,那禁倍黯然。云霄空道路,天地正风烟。
落日干戈外,孤城鼓角边。此时分手去,不独怅离筵。

其二

已为苍生病,仍成社稷功。伏床亲草檄,裹药自临戎。
毳帐连宵北,衮衣信宿东。岘山碑可续,堕泪古今同。

简析

吴鹿友,明代画家,曾官至御史,明朝灭亡之后不愿仕清,隐居山野竹林间,所画之竹从来不画土坡,其寓意和宋末画家郑思肖画兰不画根一样,寄托了作者无限的亡国之痛。

这两首诗是孙传庭写给吴鹿友的,其中有深挚的友情,有对形势的忧虑,也有对自己战斗情形的描述,诗中表达了诗人对朋友的离别之情,也用羊祜太傅的故事表达了对自己的勉励。

生平故事

明朝是一个如同流星划过天际的王朝,它富庶,有气节,它强大,有传奇。没有一个朝代如同明朝,可以给人悲喜同在的感触,可以兴,可以观,可以群,可以怨。也没有一个朝代,能让人有如此激烈的讨论,或赞或毁。

大明是令人遗憾的,它的灭亡那么突如其来,却又好像理应如此。

在明朝末年,有一个年轻的皇帝和一群有为的名将,他们生不逢时,成为王朝的祭奠,然而他们却如同流星,奋力一搏,深深书写着大明的慨然与苍凉。

孙传庭画像

明朝在腐朽落寞的最后关头,曾经涌现出很多能力挽狂澜的名将,如卢象升、孙承宗、李定国、袁崇焕、孙传庭、熊廷弼等。每个人都曾有机会颠覆明朝覆灭的必然,从历史上延伸出一段故事,然而每个人又如同昙花一现,带着命运深深的叹息离去。

这其中,孙传庭是最特别的一个。孙传庭是个儒生,26岁就进士及第。本来是为做官储备的辅佐之才,没想到命运却跟他开了一个玩笑,将怀揣着儒家治国道理的儒生推到"剿匪"第一线。

孙传庭和别的将领不一样,他本来是文官,临危受命成了"剿匪头子",这也是命运赐予他的无奈。

孙传庭生在万历年间,当时张居正大刀阔斧地将明朝的枝枝蔓蔓砍伐一番,露出"中兴气象"。张居正倒下后,国运再一次黯淡。孙传庭在宦海沉浮中坚持到了崇祯八年(1635年),明朝开始进入惊风骇浪的时代。各地起义军风起云涌,金銮殿上那个年轻的皇帝再也坐不住了。

当时孙传庭被提拔为顺天府的府丞,还没坐稳板凳,就接到朝廷的诏书,朝廷希望孙传庭能够出任"剿匪"总指挥,肃清陕西的土匪。当时陕西巡抚无能,无力弹压,叛军越来越嚣张,搞得陕西百姓没有一天安稳日子过。

孙传庭匆忙到陕西,他面对叛军不慌不乱,镇定自若地指挥了这场战役,展现了过人的军事天分。盘踞在商洛的整齐王被他诛杀,朝廷对他颇为赞赏。

不过,大明气数已尽,刚剿杀了商洛的叛变,一股起义军又在关中成了气候,孙传庭又被派去关中"剿匪"。起义军越弹压越多,灭了东边的,西边又出来了,搞得孙传庭应接不暇。偏偏大明朝廷也不安稳,崇祯帝时刻想着怎么用"驭臣之道",对在外打仗的名将一边嘉赏,一边弹压,还请人去"监督",左右掣肘,搞得名将都进退两难。

随着战事的推进,孙传庭的压力也越来越大,平乱一刻也不能停,关外努尔哈赤已经渐成势力,直指京都。孙传庭有全局意识,知道努尔哈赤想趁内乱杀入京都,于是加快了平乱的进度。他率领本部军马亲自迎敌,还联络河南等地的明军,想形成合围。但没想到河南的起义军窜起,让孙传庭首尾不顾,十分狼狈。

孙传庭此刻成了大明的"修补匠",拆了东墙补西墙,搞得元气大伤。这时北方的女真人跃跃欲试,想要趁乱夺取京都。在这样艰难的局势下,孙传庭还是收拾了关中、河南的起义军,给大明立了大功。

眼见大明几百年的基业摇摇欲坠,各地的义军像蝗虫一样越灭越多,1638年以多尔衮为首的清兵直逼北京城,绵延不断的万里长城也并非铜墙铁壁,无力阻止他们的铁骑。

此时,大明朝廷赶紧召将领回来护驾勤王,卢象升就被推到历史的台前。卢象升也是儒将,并且非常有才能,却因为战功显著而被崇祯帝猜忌,崇祯帝对他百般忌惮,导致他无法甩开膀子大干一场,最终在巨鹿为国捐躯。

孙传庭临危受命,在京城跟多尔衮作战,就在这种情况下,明廷居然有很多大臣主张"议和"。崇祯帝一方面忌惮孙传庭,怕他谋反,一方面又对是战是和犹豫不定。孙传庭因为得不到皇帝的支持,一急之下耳朵聋了,但崇祯帝依然对他不信任。

后来孙传庭被关进监狱,崇祯帝继续玩弄权术,搞对臣子"恩威并施"那一套,全然不顾大明基业马上要毁于一旦。

卢象升死了,袁崇焕死了,现在能独当一面的也只有孙传庭了,皇帝和朝臣其实心知肚明,所以孙传庭很快就被放了出来,朝廷用他来对付李自成。

李自成可不是什么纸人纸马,不是轻而易举可以镇压的,孙传庭本来要死守潼关,可朝廷一道敕令却让他很苦恼。他要与叛军背水一战,却背负着不被信任的失落,战死在潼关。

孙传庭,这位中流砥柱的人物,抱着深深的遗憾划过大明的夜幕。孙传庭死后不久,大明王朝土崩瓦解。

影响

传庭死而明亡矣。

——《明史》

忽传使者上都来,夜半星驰马流汗。
覆辙宁堪似往年,催军还用松山箭。
尚书得诏初沉吟,蹶起横刀忽长叹。
我今不死非英雄,古来得失谁由算?

——明末清初·吴伟业

黄河东来日西没,新华作城高突兀。
关中尚可一丸封,奉诏东征苦仓卒。
紫髯岂在青城山,白骨未收崤渑间。
至今秦人到关哭,泪随河水无时还。

——明末清初·顾炎武

潼津直上势嵯峨,天险初从百二过。
两戒中分蟠太华,孤城北折走黄河。
复隍几见熊罴守,弃甲空传犀兕多。
汉阙唐陵尽禾黍,雁门司马恨如何?

——清·王世祯

汉京形胜枕雄关,指顾山川一掌间。

地险半开函谷月,天青惟见首阳山。
中官赐剑来何疾,司马麾戈去不还。
万古黄河流血泪,春风惨淡旅人颜。

——清·吕履恒

卢象升(1600年—1639年),字建斗,号九台,明南直隶常州府宜兴县(今江苏省无锡市宜兴)人,天启年间进士,明末著名将领、民族英雄。卢象升治军严明,加强练兵,军容大振,人称"天雄军"。崇祯六年(1633年)起,他参与镇压李自成等农民军有功,升任右副都御史,总理河北、河南、山东、湖广、四川军务,兼湖广巡抚,后升任兵部侍郎,再迁兵部左侍郎,总督宣州、大名、山西军务。崇祯十一年(1638年),卢象升任兵部尚书,力主抗清,守卫京师,连战皆捷。崇祯十二年(1639年),卢象升率部被清军包围,终因炮尽矢绝,战死疆场。

过穆陵关

介马临戎壁垒新,连天烽火叹无民。
挥戈欲洗山河色,仗策思援饥溺人。
安奠苍生千古事,扫除逋寇八年尘。
携归两袖清风去,坐看闲云不厌贫。

简析

首联写正处于战争时期,烽火连天,人民十室九空。诗人希望自己能够以战止戈、安定苍生,换来百姓太平的日子。为了平定战乱,自己已经征战多年,若有功成身退之日,可以倚杖看云。

过太平驿

谁挽天河洗甲兵,金戈铁马旅人情。
请缨岂是书生业,倚剑长吟祝太平。

简析

首句写希望战争能够早日结束,"净洗甲兵长不用",征战并不是读书人的主业,祈祷经过自己的努力,太平的日子可以早些到来。

军中七夕歌

人言今夕是七夕,夏去秋来若驹隙。天孙织就云锦囊,待我诗章贮冰雪。我诗不作惊人语,戈挽斜晖马上得。四山出没惟闲云,千里徘徊有新月。新月如钩碧空际,我心如月知何寄。烟霞冷落织女机,关河阻越牛郎意。砧杵声声诉别离,征夫玉露又生衣。芙蓉剑气侵牛斗,铁马嘶风万木稀。带甲貔貅皆稳睡,我独披襟不成寐。感时搔首问青天,试看将星明与昧。天垣之将星正明,登坛乃是读书人。铜牙昼卧应何日,玉简宵征值此辰。良辰俯仰谁与同,尚论千秋意气雄。倏忽浮云变今古,穿针乞巧非所工。等闲将试薄罗裳,怡堂处处话新凉。赤日红尘谁氏子,重铠身被历战场。乾坤杀运似未终,虎狼匝地路不通,银河碧汉驾长虹。世态惊人愁不了,焚香夜告天知道。野鹤双飞亦白头,顾我何人能却老。此身已许报君王,敢谓樗材作栋梁。百劫丛中真性在,白衣苍狗庸何妨。乌沉兔起明月缺,安得长绳系日月。吁嗟乎夏去秋来若驹隙,人言今夕是七夕。

简析

本篇是一首戎马生涯七夕歌,写得沉郁苍凉,想象奇崛中蕴含平实。作者将自己平生经历写入其中,"登坛乃是读书人";写自己征战生涯中时间匆匆已过。

生平故事

卢象升,江苏宜兴人。卢象升长相白净,举人出身。江南历来是出才子佳人地方,但这里也产猛人——卢象升。所谓猛人,是不恰当的,事实上他是猛人中的猛人。就长相而言,所有见过卢象升的人,第一印象基本相同:这是个读书人。但他却有超人的武艺,和士兵同甘共苦,一起冲锋陷阵。他善于驭下,士兵愿意替他效力,明史载"军中断粮三日,卢象升滴水不沾,与将士同甘共苦,同生共死"。他不贪腐,不好色,不扰民,深得民心。

崇祯二年(1629年),皇太极首次破关南下,兵临北京。当时大明防线崩溃,各路援军畏缩不前,19岁的青年皇帝第一次体会到心寒齿冷的痛苦。不到30岁的大名府知府卢象升,竟然在当地招募了1万多民兵,千里迢迢到京城来勤王。面对凶悍的满洲八旗和烧杀劫掠的惨相,这群从未见过刀兵的民兵,以及那位相貌俊秀的知府,非但毫无惧色,反而群情激昂,多次积极请战。

于是崇祯也记住了这个靠谱的人,记住了他的聪明、睿智、带兵有方,更重要的是他的热血与忠诚。对现在大多数人而言,卢象升是个很陌生的名字,但在当时,这是一个相当知名的名字,而在高迎祥、李自成的嘴里,这人有个专用称呼——卢阎王。据说大家都怕他,他像膏药一样,贴上就甩不掉。卢象升的"天雄军"里面战士之间都是亲戚连带关系,冲锋时候一个人冲,大家就一起冲,很有战斗力。曾国藩就是学习他的带兵打法。卢象升长得虽然很白净,可是很能打,总是冲在最前面。

当时郧阳知府战死,卢象升接任郧阳知府。郧阳附近有40万农民军,卢象升手上只有不到一万散兵组织起来的乌合之众,但到卢象升手上变成了猛虎,在郧阳山区崇山峻岭中九战九捷,斩首万余,硬是把闯王部队打败。

卢象升在洛阳大破李自成,并一路追杀到滁州,经一天一夜战斗,再次打垮李自成,迫使李自成逃往陕西。短短 3 年间,卢象升历经大小百余战,先后击败李自成、高迎祥、张献忠等部,可谓大明朝的擎天柱石。

明朝崇祯十一年(1638 年),多尔衮集中 8 万主力围攻巨鹿。开战之前,卢象升抱定必死之心,召集当地乡民哭泣说:"我等死在旦夕,不愿连累百姓遭兵。"

为免生灵涂炭,他决定主动进攻,向清军主力发起"自杀式攻击"。百姓无不感动,纷纷捐出家中仅有的口粮。十月,他没有援军,也调不动其他部队救援,下达了那道悲壮命令:刀必见血,人必带伤,马必带喘,违者必斩!十二月十五日,卢象升率部在蒿水桥与清军交战,8 万清军将卢象升部重重包围。战斗从中午打到深夜,在付出了巨大代价后,清军终于全歼了卢象升部 5000 兵马。卢象升本人在格杀了 20 多名清军后,率仅有的 20 余人冲向清军军阵,他们射光最后一支箭,砍断最后一把刀。卢象升身中四箭三刀,乱箭之中壮烈殉国,年仅 39 岁。

掌牧杨陆凯担心敌人会残害卢象升的尸体,于是伏在尸体上面,身中二十四箭而死,明军全军覆灭。

影响

生死无愧辞,大义照颜色。

——明末清初·吴伟业

绝野栖迟军鲜饱,凄凉父老贻升枣。草履麻衣体攒镞,三郡遗民同一哭。十年万死不顾身,一朝偾败徒酸辛。皆言阉竖丧明社,海内未遂空无人。奇才伟略世稀有,南卢北孙皆绝伦。武陵一出国事去，眼见宫阙飞埃尘。贤豪生与时事会，天意或教支废坏。却令宵小更败之，颠倒终难测茫昧。蒿水桥边战血流，八十日尸犹不收。呼天逻卒鞭且死，人理那复几希留。我从史传考勋迹，卷不能终愤填膈。当时恨无折槛人，请殛奸回谢宗祐。流传翰墨奕世珍，书生余事犹轶群。忧时抚事意慷慨，令我泪堕还沾巾。吁嗟天已厌明德，倔强孤臣空尽力。请看七日降淫霖，一死遗骸求不得。

——清·姚文田

史可法（1601年—1645年），字宪之，又字道邻，直隶大兴县（今北京大兴）人，祖籍河南祥符（今河南开封），明末抗清将领、民族英雄，进士出身，后步入仕途。北京城被攻陷后，史可法拥立福王，继续与清军作战。1645年，清军大举围攻扬州城，史可法城破身死，南明朝廷谥之为"忠靖"，清高宗追谥为"忠正"，有《史忠正公集》传世。

送管城斋少宗伯同年归里

长干秋老落潮初，一棹秦淮碧玉虆。

独向新亭挥泪别，江南惟有管夷吾。

简析

新亭，著名的亡国典故，渡过长江的人士，每次遇到美好的日子，就互相邀请在新亭这个地方聚集，边赏花边饮酒作乐。周侯在中间坐着，叹道："风景跟往昔一样，江山却换了主人。"大家听了都相视流泪。只有丞相王导怒气豪迈，说："应当共同合力效忠朝廷，最终光复祖国，怎么可以相对哭泣，如同亡国奴一样。"末句是希望江南能够有管仲那样的人才来富国强兵，挽回危局。陆游有诗："新亭对泣犹稀见，况觅夷吾一辈人。"

生平故事

《明史》本传中有这样的记载："尹氏有身，梦文天祥入其舍，生可法。"尹氏，是史可法的母亲，梦到文天祥入家而生史可法，其实饱含了母亲对史可法寄予的殷切希望。史可法出生后，父亲给他起名"可法"，希望他效法与文天祥一样的忠义前贤。

早在他父亲一代,家中已经衰落,但史可法十分勤奋好学。方苞的《左忠毅公逸事》中就记载了左光斗和史可法的的故事:天启元年(1621年)冬天,19岁的史可法在独自赶考的途中,因无钱居住客栈,便寄宿在一座古庙里。一天,时任京畿视学大臣的左光斗在微服私访的途中,为避风寒进入了这座古庙。进庙后,他看见庑殿中有一书生伏案而卧,一旁还有一篇刚刚写成的文稿。左光斗拿起文稿一看,觉得

史可法画像

文笔不凡,再看看他衣衫单薄,内心十分爱重,便脱下自己的大衣披盖在沉睡的史可法身上。考场上,史可法才思敏捷,奋笔疾书,因才华出众,最终以直隶八府第一名的成绩荣登榜首。此后,左光斗收史可法为弟子,对妻子说:"他日继吾志事,惟此生耳。"史可法受左光斗知遇之恩,愈加发愤苦读,立志报国。天启五年(1625年),左光斗受诬陷下狱,但他坚守大义,至死不屈,这对史可法的一生影响很大。

崇祯十七年(1644年),史可法听闻李自成进攻北京,率军进京勤王。军队抵达大浦口时,传来了北京失陷、皇上朱由检去世的消息,史可法为朱由检发丧,与凤阳总督马士英、阮大铖拥立福王朱由崧。

清顺治二年(1645年),河南总兵许定国私通清朝,巡按陈潜夫和参政分巡睢阳道袁枢请四镇之一的高杰北上。南明弘光

元年(1645年)正月十二日夜,高杰在睢州故袁可立府第内被许定国害死,清军乘机南下。史可法闻讯,长叹无法克复中原了。

五月,多铎兵围扬州,史可法传檄诸镇发兵援救,刘泽清北遁淮安降清,仅刘肇基等少数兵至,防守见绌。此时多尔衮劝降,史可法作《复多尔衮书》拒绝投降。二十四日,清军以"红夷大炮"攻城。入夜,扬州城破,史可法自刎,被众将拦住。众人拥下城楼,大呼曰:"我史督师也!"被擒住后,史可法拒绝投降而被杀。多铎因为攻城时清军遭到很大伤亡,心里恼恨,下令屠杀扬州百姓。屠杀延续了10天,死亡逾80万人,史称"扬州十日"。史可法死后12日,其遗体下落不明。隔年,史德威将其衣冠葬于扬州城天宁门外梅花岭。

史可法为官廉洁,虽历任御史、总督、巡抚、兵部尚书等,职高位显,但在家书中却多次提到家中的困境。八弟新婚要买房,史公给八弟的信中写道:"买房一事,当即停止。此时贫甚,哪得数百金也?"家中缺少用度了,史公给夫人的信中说:"夫人可将簪珥衣服,或当或卖,暂供日用。"封封家书,令人感伤,更令人感佩。

影响

可法短小精悍,面黑,目烁烁有光。廉信,与下均劳苦。军行,士不饱不先食,未授衣不先御,以故得士死力……史可法悯国步多艰,忠义奋发,提兵江浒,以当南北之冲,四镇棋布,联络声援,力图兴复。然而天方降割,权臣掣肘于内,悍将跋扈于外,遂致兵顿饷竭,疆圉日蹙,孤城不保,志决身歼,亦可悲矣!

——《明史》

纪文已识一篇笃,予谥仍留两字芳。
凡此无非励臣节,监兹可不慎君纲。
象斯睹矣牍斯抚,月与霁而风与光。
并命复书书卷内,千秋忠迹表维扬。

——清·乾隆

数点梅花亡国泪,二分明月故臣心。

——清·张尔荩

三百年来土一丘,史公遗迹奈满扬州。
二分明月千行泪,并作梅花岭上秋。

——现代·郁达夫

我来梅花岭,梅花杳无影。
清气满园林,衣冠应未冷。

——当代·沈鹏

郑成功(1624年—1662年),本名森,又名福松,字明俨、大木,福建泉州南安人,明末清初军事家,抗清名将,民族英雄。他是弘光时监生,因蒙南明隆武帝赐明朝国姓"朱",赐名"成功",并封忠孝伯,世称"郑赐姓""郑国姓""国姓爷";又因蒙南明永历帝封延平王,称"郑延平"。

复台

开辟荆榛逐荷夷,十年始克复先基。

田横尚有三千客,茹苦间关不忍离。

简析

  1661年,郑成功率兵二万五千人、战船百艘,跨海东征,驱逐了荷兰殖民者,收复了中国领土台湾。这首诗是作者在收复台湾后所写。诗中指出治理台湾今后还必须经过一番艰苦努力,也表达了他对部下的袍泽深情,并希望他们同甘共苦,克服困难。

生平故事

  1646年(清顺治三年,南明隆武二年)清兵入闽,郑成功与张煌言联师北伐,震动东南。

  1646年(清顺治三年,南明隆武二年)三月,郑成功在延平设军事指挥部、水师训练基地,巡守南平闽浙赣边关。八月下旬,郑成功辞别隆武帝,在延平闽江与清军战斗,"交锋不利,率师南下","遂密带一旅遁金门",以"招讨大将军"之名举义旗于金、厦沿海一带。

清顺治十八年（1661年）四月，郑成功留下儿子郑经防守厦门、金门，亲率将士二万五千人、战船数百艘，自金门料罗湾出发，经澎湖横渡台湾海峡，向台湾进军。为了早日完成光复大业，在极端恶劣的气候条件下，郑成功传令大军连夜破浪前进。同年四月初一，郑军经由鹿耳门水道进入台江内海并于禾寮港（今台南市北区开元寺附近）登陆，意图先求取防御薄弱的普罗民遮城。随后郑军在台江海域与荷兰军展开海战，击沉荷兰军舰赫克特（Hector）号，取得台江内海控制权，同时在北线尾地区击败荷兰陆军，以优势兵力包围普罗民遮城，四月初五即迫使普罗民遮城守军出降。

郑成功画像

五月初五，郑成功改赤崁为"东都明京"，设承天府及天兴、万年二县。敌军守将描难丁战败投降，于是郑成功留部将杨朝栋守赤崁楼，亲自率军乘胜进攻赤崁城（荷兰殖民者在台南建筑的"王城"）。郑成功写了一封信给荷兰殖民头目揆一，要他投降，信中有这样几句话："然台湾者，早为中国人所经营，中国之土地也。……今予既来索，则地当归我。"他明确地指出中国人民收复失地是不可磨灭的真理。赤崁城被围困了七个多月，敌军官兵死伤一千六百多人，最后敌军水源被切断，揆一黔驴技穷，只好扯起白旗，宣告投降。

荷兰殖民者在战败之前，依然企图进行最后的挣扎。1661年（清顺治十八年，南明永历十五年）7月，荷兰从巴达维亚调遣的援军抵达大员,除了六百多名士兵、十一艘军舰以外,增援部队亦为热兰遮城带来大量补给品与火药。八月中旬,两军于台江内海展开激烈海战,郑军大获全胜,击沉一艘荷兰军舰,并夺取船只数艘,自此荷军丧失主动出击的能力。十二月初八,荷兰军长官揆一修书郑成功,表示同意"和谈"。敌人在投降条约上签了字,在十二月二十日向郑成功屈服,揆一率领残敌五百人狼狈退出我国领土台湾。沦陷了三十多年的台湾,又重回祖国的怀抱。

影响

窃闻举大事者,先在人和;立大业者,尤在地利。……即如殿下东都之役(即攻台之战),岂诚谓外岛足以创业开基?不过欲安插文武将吏家室,使之无内顾之忧,庶得专意恢复。但自古未闻以辎重眷属,置之外夷,而后经营中原者。……故当兴师之始,兵情将意,先多畏疑。

——明末·张煌言

四镇多二心,两岛屯师,敢向东南争半壁;
诸王无寸土,一隅抗志,方知海外有孤忠。

——清·康熙

开万古得未曾有之奇,洪荒留此山川,作遗民世界;
极一生无可如何之遇,缺憾还诸天地,是创格完人。

——清·沈葆桢

赐国姓,家破君亡,永矢孤忠,创基业在山穷水尽;
复父书,词严义正,千秋大节,享俎豆于舜日尧天。

——清·刘铭传

由秀才封王,主持半壁旧河山,为天下读书人顿生颜色;

驱外夷出境,开辟千秋新事业,愿中国有志者再鼓雄风。

——清·丘逢甲

纵绝岛别开生面,移山填海,三百年社稷系以存亡,仿箕子、比田横,志士苦心,特向胶庠留气节;

是胜代第一完人,起敝扶衰,十七载勋猷明月日月,填滇海,连浙水,英雄无命,长悬肝胆照波涛。

——清·陈谟

孽子孤臣一稚儒,填膺大义抗强胡。

丰功岂在尊明朔,确保台湾入版图。

——现代·张学良

福康安(1754年—1796年)，满洲镶黄旗人，字瑶林，号敬斋，清乾隆年间名将，历任云贵、四川、闽浙、两广总督，官至武英殿大学士兼军机大臣。他先后平定甘肃回民田五起义、台湾林爽文起义、廓尔喀侵略、苗疆起事，累封一等嘉勇忠锐公。

寄惠椿亭侍郎

龙沙万里怅离群，自此参辰宦迹分。

料得天涯劳远梦，滇风蜀雪又秦云。

简析

惠龄(？—1808年)，字椿亭，萨尔图克氏，蒙古正白旗人，清朝将领。

这首诗是一首赠友诗，表达了诗人对朋友的思念。由于两人都在外征战，所以相隔万里，如同参商星辰一样不能相见，令人怅然。要相见只能是在梦中追寻了，因为现实中两个都处于征途之中，身边总是环绕着云南的风、四川的雪和陕西的云。最后两句用了互文的手法，显示了福康安深厚的艺术修养。

生平故事

福康安平定过大小金川、台湾叛乱、回民叛乱，但是在隆冬之际翻越雪山击败廓尔喀，包围其首都，可以说是军事史上的一个奇迹。

18世纪中叶，清朝的邻国尼泊尔建立起廓尔喀族统治的新王朝。新国王蓄意向外扩张势力，于是乾隆五十三年(1788年)，廓尔喀以西藏当局征收贸易税太重为由，派兵入侵西藏边境。乾隆五十六年（1791年），廓尔喀又再次兴兵，直犯班禅额尔德尼驻锡的日喀则，洗劫了札什伦布寺，掠走大批珍宝财物。而驻藏大臣保泰临阵退缩，竟想把达赖和班禅移至青海。

清廷闻报，即派福康安为将军，与参赞海兰察、奎林（福康安堂兄）率巴图鲁侍卫入藏，迎击入侵者。乾隆帝决心对廓尔喀大张挞伐，以求边境永远安宁。九月二十九日，福康安自京启程，由山西、青海一路驰驿赴藏，海兰察因率兵众多，由河南、陕西、甘肃分别行走至青藏。

立身勉劢直方大
奉职常怀清慎勤

福康安行书联

十一月，福康安收到乾隆谕旨，因青海口外时值隆冬，如果由此入藏，必然险阻重重，命他改道而行，沿路均有驿站，只是稍迟于指定日期抵藏。福康安素性勇猛，认为军情紧迫，仍从西宁一路入藏。此时，一路青草未茂，马皆瘠疲，因福康安行走疾速才未至困境。

十二月一日，福康安在西宁停留四天后即轻装简从，由丹噶尔（在今青海西宁市西面）一带启程入藏，翌年正月初三到达青藏边界，正月二十日抵拉萨。从西宁至拉萨，全程四千六百里，途中步行六十天。

福康安所部军队隆冬时节入藏，所遇跋涉之险难以想象，他们每日凌晨三时动身，至下午七时才能停止行进，每天所行道路需当地喇嘛走两天尚有余。一些人迹罕至的雪山,旧雪积存至一米之深,难以登陟。遇黄河发源处,泉水很多,冬季则处处结冰,乱石纵横,马蹄倾滑,行走更是艰难。一旦行走至高地,又出现高山反应,"人行即喘,头目眩晕,肌肤浮肿",加上水土不服,很多人染病身亡。参赞海兰察即生病返京,不久死去,驻藏大臣舒濂、参赞奎林等人也病死西藏。福康安虽年富力强,也感寒犯病,略形困顿。福康安所带一路士兵,寒冬兼程跋涉,越过世界屋脊,可谓奇迹。

福康安抵藏后,乾隆命他迅速出兵作战,不使廓尔喀军队有喘息之机,以尽快收复失地。此时西藏有军队一万六千余人,粮饷亦充足,于是福康安在各路人马到齐后,即行进剿。四月二十五日,福康安前往绒辖、聂拉木察看地势,定下进兵路线。

四月二十七日,福康安由今西藏南部边境的第哩浪古进兵,五月六日行至擦木附近,然而擦木两山夹峙,中亘山梁,廓尔喀军队扎营在山高处,显然难以攻取。

福康安乘夜色潜兵进攻,兵分五队,两路深入敌寨左右山梁堵截;两路绕至敌后,截断敌军退路,海兰察领一队由正路直攻敌寨。福康安则督军往来截杀,指挥作战。次日黎明,福康安督兵登山,靠近建于大河与山梁之间的两座石碉,毁两丈余高的城垣,与敌军短兵相接,终于攻克防守坚固的碉寨,夺取了擦木。

攻下擦木之后,福康安所部军队直趋济咙。廓尔喀军在济咙建有要塞,据险筑下各碉卡,相互援应,成掎角之势。五月十日,福康安分兵出击,先剪除旁边各寨,再以主力攻其中坚。清军以木梯登寨,毁其石垒,并用大炮不断轰击,终于成功占领济咙的廓尔喀军寨子,杀敌六百余人,活捉二百余人,收复了济咙。

至此,清军廓清了自擦木至济咙边境的廓尔喀军。

乾隆闻讯,自是十分欣喜,特赐福康安御制志喜书扇,加上御用佩囊,以表嘉许。廓尔喀军已被清军赶出国境,清军即可就此罢兵议和,在谈判桌上解决双方所存矛盾和芥蒂。但是乾隆认为,必须攻入廓尔喀境内,占领都城阳布,迫使其归降,才能一劳永逸,实现边境安宁。

于是五月十三日,福康安又率军由济咙出发,一路高山夹峙、路险道窄,清军进至索勒拉山攻敌石卡,追敌至济咙西南八十里外的热索桥,最后以木筏渡河,攻至密哩顶。福康安率军沿路攻打敌寨,直抵距阳布一百余里的雍雅(今尼泊尔境内)。

廓尔喀国王恐国都难保,而邻国锡金、不丹可能趁势报复,遂派使者前往印度,请求孟加拉英国东印度公司以武力支援,但孟加拉总督以西藏为中国领土为由,又想维持英国在广州的利益,没有出兵援助。

廓尔喀见势不妙,遂遣使求和。福康安认为这是廓尔喀缓兵之计,哪肯坐失兵机。七月,福康安带足军粮,继续领兵前行,进攻噶勒拉山,直取甲尔古拉、集木集两要寨,其间六战皆捷,所杀四千余人。廓尔喀举国震惊,军队人员死伤甚多,因此乞降。

当乾隆得知廓尔喀军确已"禀恳归降",遂特颁谕旨,准许纳款班师。从战局及时令考虑,乾隆和福康安等人都希望早日结束这场在异域的艰苦战争。乾隆指示福康安可以接受廓尔喀的乞降,撤兵回国。

清军虽是入藏远征,但在几个月的时间里,在福康安等人的直接督师指挥下,迅速将廓尔喀人逐出西藏,又翻过喜马拉雅山,一路攻克廓尔喀人的无数碉卡,破其营寨,直抵距阳布仅四十里之处。廓尔喀国王表示退回在扎什伦布寺劫掠的财物,今后再不侵犯西藏。

这次入藏征讨廓尔喀的胜利,保证了清朝边境的安宁和西藏社会的稳定,成功地维护了清朝的领土完整。乾隆对征廓尔喀之役的主要统帅福康安亦倍加赞赏,于是授其为武英殿大学士,加封忠锐嘉勇公。九月,赏一等轻车都尉,令其子德麟承袭。

此次对廓尔喀作战,福康安备尝艰苦,调度有方,深入敌境七百里,乾隆感到仅给予世职不足以酬其劳绩,于是在乾隆五十七年(1792年)又将福康安授为领侍卫内大臣,并照王公名下亲军校之例,赏给六品顶戴蓝翎三缺,令福康安于其得力家人中酌量给戴,以示宠异。

影响

福文襄屡出筹边,功在社稷,其生平所受恩宠,亦复空前旷后,冠绝百僚。

——清·陆康祺

诸罗县里萃衣冠,往事搜寻简未残。
绩著婴城柴大纪,威雄专阃福康安。
覆盆谁雪千秋柱,击钵姑联一日欢。
最爱遥山撑阿里,樱花隐隐映吟坛。

——清·叶际唐

纪功片石劫余存,下马何人剔藓痕。
白简夜驰参赞死,当时飞鸟避辕门。

——清·林朝崧

林则徐(1785年—1850年),福建侯官(今福建省福州)人,字元抚,又字少穆、石麟,晚号俟村老人、俟村退叟等,清朝后期政治家、思想家和诗人,是中华民族抵御外辱过程中伟大的民族英雄,其主要功绩是虎门销烟,官至一品,曾任江苏巡抚、两广总督、湖广总督、陕甘总督和云贵总督,两次受命为钦差大臣。因其主张严禁鸦片、抵抗西方的侵略、坚决维护中国主权和民族利益,林则徐深受全世界华人的敬仰。

赴戍登程口占示家人

力微任重久神疲,再竭衰庸定不支。
苟利国家生死以,岂因祸福避趋之!
谪居①正是君恩厚,养拙刚于戍卒宜。
戏与山妻谈故事,试吟断送老头皮。

简析

首联是说:我以微薄的力量为国担当重任,早已感到疲惫。如果继续下去,再而衰,三而竭,无论自己衰弱的体质还是平庸的才干必定无法支持。

颔联讲:只要有利于国家,哪怕是死,我也要去做,哪能因为害怕灾祸而逃避!此联已成为百余年来广为传颂的名句,也是全诗的思想精华之所在,它表现了林则徐忠诚无私的爱国情操。

颈联从字面上看似乎心平气和、逆来顺受,到边疆做一个多干体力活、少动脑子的"戍卒",对我正好是养拙之道。

---

①谪居:因有罪被遣戍远方。

尾联从一个故事生发而来：宋真宗时，访天下隐者，杞人杨朴奉召廷对，自言临行时其妻送诗一首云："更休落魄贪杯酒，亦莫猖狂爱咏诗。今日捉将官里去，这回断送老头皮。"真宗不禁失笑，仍放其归隐。林则徐巧用此典幽默地说："我跟老伴开玩笑，这一回我也变成杨朴了，弄不好会送掉老命的。"

生平故事

道光十八年（1838年），鸿胪寺卿黄爵滋上疏主张以死罪严惩吸食鸦片者，道光帝令各地督抚各抒己见。林则徐坚决支持黄爵滋的禁烟主张，提出六条具体禁烟措施，并率先在湖广实施，成绩卓著。九月，林则徐应召进京，在连续八次召见中，他力陈禁烟的重要性和禁烟方略。十一月，林则徐受命为钦差大臣，前往广东禁烟，并节制广东水师，查办海口。

道光十九年（1839年）正月，林则徐抵广州，会同两广总督邓廷桢等传讯洋商，令外国烟贩限期交出鸦片。他采取撤买办工役、封锁商馆等措施，挫败英国驻华商务监督义律和烟贩的狡赖，收缴英国趸船上的全部鸦片。四月二十二日（6月3日）起，林则徐在虎门海滩销烟，20天销毁鸦片19179箱、2119袋，共计1188127千克。在此期间，林则徐注意了解外国情况，组织翻译西文书报，供制定对策、办理交涉

林则徐画像

参考。为防范外国侵略，林则徐大力整顿海防，积极备战，购置外国大炮加强炮台，搜集外国船炮图样准备仿制。

道光二十年（1840年）六月，鸦片战争爆发，道光帝惊恐求和，归咎林则徐在广东"办理不善"，屡次下旨斥责。九月，林则徐被革职，留粤备查问。

林则徐书法

但他仍奔走察看要隘，筹募壮勇守卫广州。

道光二十一年（1841年）三月，林则徐受命赴浙江协办海防。他在浙积极筹议战守，提供炮书，帮助研制新式炮车和车轮战船。五月，道光帝以广东战败归咎前任，林则徐被革去四品卿衔，从重惩处，充军伊犁。

道光二十五年（1845年），林则徐被重新起用，署陕甘总督，次年转任陕西巡抚，转年升云贵总督。1850年11月22日，林则徐病逝于潮州普宁县（今广东普宁北）行馆。

影响

品望重当朝，犹忆追陪瞻雅范；褒荣垂史乘，徒殷景仰吊遗徽。

——清·魏源

无一事不认真,无一事无良法。

——清·无名氏

(林则徐)忠诚地、几乎不间断地为他的国家服务了36年。在社会生活中,他以廉洁、睿智、行为正直和不敛钱财而著称。

——英国·包令

曾国藩(1811年—1872年),初名子城,字伯涵,号涤生,清朝湖南长沙府湘乡白杨坪(现属湖南省娄底市双峰县荷叶镇天子坪)人,中国近代政治家、军事家、理学家、文学家。曾国藩与李鸿章、左宗棠、张之洞并称"晚清四大名臣",官至武英殿大学士、两江总督。

早发沔县遇雨

此身病起百无忧,敢为艰难一怨尤。
晓雾忽飞千嶂雨,西风已作十分秋。
近知地利其堪恃,早信人谋不自由。
昨日定军山下过,苍天一望故悠悠。

简析

　　道光二十三年(1843年),曾国藩升任翰林院侍讲,从大批京官中脱颖而出,获得了四川乡试正考官的派遣,到四川主持乡试。

　　曾国藩出京西行赴任信心满满,心情愉快,哪料路途艰辛。出发时正值盛夏酷暑,"热气逼人",对久居庙堂的白面书生来说,旅途并不轻松,才三日曾国藩就"伤暑不能食"。这一路走来,"身子甚不爽快",时常生病,"乞代求医",耽搁行程,心情不好不说,也无力着笔作文,七月二十日后,日记中断。从河北、山西走到沔县,一场不期而至的雨水浇灭了暑热,点燃了诗人的诗兴,写下这首《早发沔县遇雨》。

生平故事

嘉庆十六年(1811年),曾国藩出生于湖南长沙一个普通耕读家庭,兄妹九人,曾国藩为长子,祖辈以务农为主,生活较为宽裕。曾国藩从小家教严格,6岁入私塾读书,21岁考取了秀才。道光十八年(1838年),曾国藩登第,殿试位列三甲第四十二名,赐同进士出身。自此,他一步一步地踏上仕途之路,并成为军机大臣穆彰阿的得意门生。曾国藩朝考列一等第三名,道光帝亲拔为第二,选为翰林院庶吉士。在京十多年间,他七次升迁,连跃十级。曾国藩就是这样坚韧不拔地沿着这条仕途之道,一步步升迁到二品官位。

曾国藩书联

咸丰二年(1852年)正月,曾国藩署吏部左侍郎,六月因母丧归家。这时太平天国运动已席卷半个中国,尽管清政府从全国各地调集大量八旗军、绿营官兵来对付太平军,可是这支腐朽的武装力量已不堪一战。因此,清政府屡次颁发奖励团练的命令,试图利用各地的地主武装来遏制太平军势力的发展,这就为曾国藩的湘军的出现提供了一个机会。十一月,清政府命令曾国藩和湖南巡抚张亮基办理团练。

咸丰三年（1853年），借着清政府急于寻求力量镇压太平天国的时机，曾国藩在家乡湖南一带，依靠师徒、亲戚、好友等复杂的人际关系，建立了一支地方团练，称为"湘勇"，并派人赴广东购买西洋火炮，筹建水师。曾国藩组建的湘军在绞杀太平天国方面起了主要作用，并镇压了其他农民起义。

曾国藩还主持了洋务运动。同治六年（1867年）三月，他在江南制造总局下设造船所试制船舰，同时拟设译书馆。五月，他会同李鸿章将江南制造总局由虹口迁至高昌庙，征地扩迁，规制大增。六月，曾国藩补授为体仁阁大学士。

同治七年（1868年）四月，曾国藩奉上谕改授为武英殿大学士。五月，他至上海视察江南制造成总局。八月，他奉命调任直隶总督。九月，江南造船厂试制的第一艘轮船驶至江宁，他曾登船试航，取名"恬吉"。十二月，曾国藩抵达北京，拜见慈禧太后与同治皇帝。

曾国藩在文学上继承桐城派方苞、姚鼐而自立风格，创立晚清古文的"湘乡派"，乃湖湘文化的重要代表。

影响

谋国之忠，知人之明，自愧不如元辅。

同心若金，攻错若石，相期无负平生。

——清·左宗棠

岂惟近代，盖有史以来不一二睹之大人也已；岂惟我国，抑全世界不一二睹之大人也已。然而文正固非有超群绝伦之天才，在并时诸贤杰中，称最钝拙；其所遭值事会，亦终生在指逆之中;然乃立德、立功、立言三不朽,所成就震古烁今而莫与京者,其一生得力在立志自拔于流俗,而困而知,而勉而行,历百千艰阻而不挫屈,不求近效,铢积寸累,受之以虚,将之以勤,植之以刚,贞之以恒,帅之以诚,勇猛精进,坚苦卓绝。

——近代·梁启超

带兵如带子弟一语,最为慈仁贴切。能以此存心,则古今带兵格言,千言万语皆付之一炬。

——近代·蔡锷

国藩以严谨胜,宗棠以豪迈胜。

——现代·萧一山

予意所谓本源者,倡学而已矣。博学如基础,今人无学,故基础不厚,进惧倾记。予于近人,独服曾文正,观其收拾洪杨一役,完满无缺。使以今人易其位,其能如彼之完满乎?

——现代·毛泽东

足为吾人之师资。

——现代·蒋介石

曾国藩的政治家风度、品格及个人修养很少有人能予匹敌。他或许是十九世纪中国最受人敬仰、最伟大的学者型官员。

——现代·徐中约

左宗棠(1812年—1885年),字季高,一字朴存,号湘上农人,晚清重臣,军事家、政治家,著名湘军将领,洋务派首领。他一生经历了平定太平天国运动、洋务运动、平叛陕甘同治回乱和收复新疆等重要历史事件。

癸巳燕台杂感

其一

西域屯兵不计年,当时立国重开边。
橐驼万里输官稻,沙碛千秋比石田。
置省尚烦他日策,兴屯宁费度支钱。
将军莫更纡愁眼,生计中原亦可怜。

其三

青青柳色弄春晖,花满长安昼掩扉。
答策不堪宜落此,壮游虽美未如归。
故园芳草无来信,横海戈船有是非。
报国空惭书剑在,一时乡思入朝饥。

简析

这里屯兵的历史太长已经不能追溯到具体哪年了,当时立国的时候非常重视边关的建设。骆驼队不远万里往这边输送稻米,这里的沙地千百年来都像石头田一样难以耕种。设立行政区还要长久的筹划,所费军需实在很多啊。这里的将军莫要发愁了,中原百姓的生计也是非常艰难的。

生平故事

左宗棠,清嘉庆十七年(1812年)生于湖南省长沙府湘阴县左家塅,生性颖悟,少负大志。道光十一年(1831年),左宗棠入湘水校经堂学习,翌年参加在省城长沙举行的乡试中第。

道光二十九年(1849年),林则徐返乡,约左宗棠于长沙舟中相见。两人彻夜长谈,对治理国家的根本大计,特别是关于西北军政的见解不谋而合。林则徐认定将来"西定新疆,舍君莫属",特地将自己在新疆整理的宝贵资料全部交付左宗棠。

左宗棠画像

咸丰二年(1852年),太平天国大军围攻长沙,左宗棠在炮火连天的日子里缒城而入,张亮基大喜过望,将全部军事悉数托付给左宗棠。左宗棠"昼夜调军食,治文书""区画守具",各种建议都被采纳,并立即付诸实施,终于使太平军围攻长沙三个月不下,撤围北去。左宗棠一生的功名也就从此开始。当时,清王朝在湖南的统治已岌岌可危,农

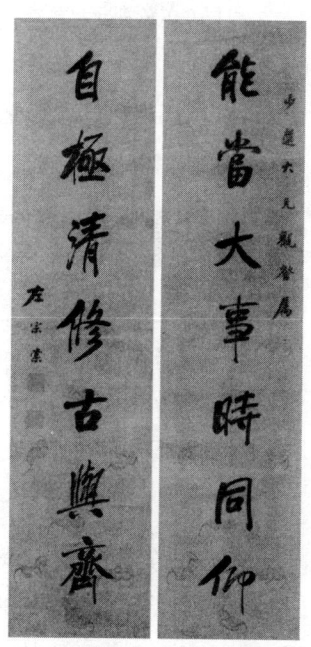

左宗棠手书联

民起义此伏彼起。左宗棠焦思竭虑,日夜策划,辅佐骆秉章"内清四境""外援五省",苦力支撑大局。同时,他革除弊政,开源节流,稳定货币,大力筹措军购。由于左宗棠的悉心辅佐和筹划,不但湖南军政形势转危为安,湘军出省作战连连奏捷,其他各项工作也取得显著成效,左宗棠因功被任命为兵部郎中。

左宗棠初露峥嵘,引起朝野关注,时人有"天下不可一日无湖南,湖南不可一日无左宗棠"之语,咸丰帝亦给予了他极大的关注。咸丰十一年(1861年),曾国藩疏荐左宗棠任浙江巡抚。同治五年(1866年),左宗棠上疏奏请设局监造轮船,获准试行,即于福州马尾择址办船厂,派员出国购买机器、船槽,并创办求是堂艺局(亦称船政学堂),教授造船技术和培养海军人才。时逢西北事起,他旋改任陕甘总督,推荐原江西巡抚沈葆桢任总理船政大臣。一年后,福州船政局(亦称马尾船政局)正式开工,成为中国第一个新式造船厂。同治十一年(1872年),左宗棠又在兰州创办甘肃机器制造局(即兰州制造局)。

同治十年(1871年),沙俄趁新疆变乱于七月侵占伊犁。伊犁被攻占引起清廷重视,清廷令左宗棠派兵进剿,左宗棠提出了先安定新疆回部再准备收回伊犁的方针。这是考虑到位于北疆的乌鲁木齐有重要政治意义,从地理区位上讲,收复北疆也可为进一步收复伊犁创造必要条件。

"缓进急战"中的"缓进",就是积极治军。左宗棠用一年半的时间筹措军饷,积草屯粮,整顿军队,减少冗员,增强军队战斗力。即使是自己的主力湘军,也剔除空额,汰弱留强。他还规定,凡是不愿出关西征的,一律给资,遣送回籍,不加勉强。"急战",就是考虑到国库空虚,以及西北交通不便、人烟稀少、田地荒芜,为了紧缩军费开支,大军一旦出发,必须速战速决,力争用一年半左右的时间获取全胜,尽早收兵。

左宗棠还命之前创立的兰州制造局为西征军修造枪炮。为了对付阿古柏军的洋枪洋炮,他从广州、浙江调来专家和熟练工人,在兰州造出大量武器,还仿造了德国的螺丝炮和后膛七响枪,改造了中国的劈山炮和广东无壳抬枪。

左宗棠事先命西征军前锋部队统帅张曜驻军哈密,兴修水利、屯田积谷。仅一年多时间,左宗棠就指挥西征军,收复了除伊犁以外的新疆领土。清廷嘉其功,诏封二等恪靖侯,新疆各地也于大小村镇建立左公祠。

同治十年(1871年),沙俄乘阿古柏侵占新疆之机,派兵侵占了伊犁,左宗棠上书朝廷,力陈在新疆设省的主张,并建议朝廷派员与俄国会谈归还伊犁。

光绪五年(1879年),在沙俄的威逼下,崇厚签订《里瓦几亚条约》。左宗棠闻讯,向清廷陈奏。他分析,伊犁本非沙俄领土,归还理所应当,但沙俄不仅勒索费用,而且要割取伊犁附近领土,使伊犁变成一座孤城,断然不可。至于增设领事,一面是拓展商务,更是借此渗透势力。清廷被说服,于是治崇厚罪,派曾纪泽出使俄国,重议条约。左宗棠坐镇哈密,亲领后路声援,号称王师四万,对中俄谈判的中方代表是一个巨大的力量支持。同时,左宗棠将其棺材从肃州运到哈密,借以表示为收复伊犁血战到底的决心。上海"泰来洋行"的德国技师福克曾在哈密与左宗棠会面,观看了部队的演练,见湘军纪律严明、操练得法,军火枪炮也不落后,于是说:"清军若与俄国交战于伊犁,必获全胜。"沙俄经过种种考虑,在谈判桌上终于让步。

光绪八年(1882年),左宗棠第五次向清朝政府奏请在新疆建省,提出乘收复伊始和西征大军未撤之威,不失时机地建省设县,这样有利于百废待举,恢复元气,实行切实有效的管理。左宗棠的恳切陈词说服了清朝政府,朝廷同意着手在新疆建省,时任新疆巡抚的刘锦棠制定了建省的具体方案。光绪十年(1884年),新疆省正式建立。

光绪九年(1883年),越南局势恶化。两江总督左宗棠上奏分析局势,自请赴边督军,并招募士兵准备作战。

光绪十年(1884年)九月,坚决主战的左宗棠奉旨以钦差大臣身份督办闽海军务,挽救战局。十二月,左宗棠抵达福州,积极布防,并组成"恪靖援台军"东渡台湾。光绪十一年(1885年)三月,黑旗军、恪靖定边军等在镇南关得胜,夺取了谅山。清政府"乘胜即收",令前线各军停战撤军,与法国议和。左宗棠不满,批评主和的李鸿章"对中国而言,十个法国将军,也比不上一个李鸿章坏事""李鸿章误尽苍生,将落个千古骂名"。李鸿章恼怒之余,拿左宗棠的下属开刀,使他们失去兵权。左宗棠上书朝廷为属下鸣冤叫屈,并称病求退。

光绪十一年(1885年),左宗棠在福州病故,享年73岁,朝廷追赠太傅,谥号文襄。

影响

宗棠为人多智略,内行甚笃,刚峻自天性。……宗棠事功著矣,其志行忠介,亦有过人。廉不言贫,勤不言劳。待将士以诚信相感。善于治民,每克一地,招徕抚绥,众至如归。论者谓宗棠有霸才,而治民则以王道行之,信哉。

——《清史稿》

东南洋夷,能御之者或有人;西定新疆,舍君莫属!

——清·林则徐

论兵战,吾不如左宗棠;为国尽忠,亦以季高为冠。国幸有左宗棠也。

——清·曾国藩

大学士左宗棠,学问优长,经济闳远,秉性廉正,莅事忠诚。由举人、兵部郎中带兵剿贼,迭著战功,蒙文宗显皇帝特达之知,擢升卿寺。同治年间,剿平发逆及回、捻各匪,懋建勋劳。穆宗毅皇帝深资倚任,畀以疆寄,浙陕兼圻,授为钦差大臣,督办陕甘军务。运筹决胜,克奏肤功。简任纶扉,优加异数。朕御极后,特命督师出关,肃清边围,底定回疆,厥功尤伟。竭谋赞画,悉协机宜。旋任两江总督,尽心民事,裨益地方,扬历中外,恪矢公忠,洵能终始如一。

——清·光绪帝

历观近代名公……更事既多,识力乃卓。

——近代·谭嗣同

左宗棠是近百年史上世界伟大人物之一,他将中国人的勇武精神展现给俄罗斯,给整个世界。

——美国·华莱士

石达开(1831年—1863年),小名亚达,绰号石敢当,广西贵县(今贵港)客家人,太平天国名将,中国近代著名的军事家、政治家、武学名家。石达开属太平天国中有传奇色彩的人物之一,16岁"被访出山",19岁统率千军,20岁封王,32岁于成都慷慨就义,一生轰轰烈烈,为后世所传颂。

答曾国藩诗五首
其三

扬鞭慷慨莅中原,不为雠仇不为恩。
只恨苍天方瞆瞆,欲凭赤手拯元元。
三军揽辔悲羸马,万众梯山似病猿。
我志未成人已苦,东南到处有啼痕。

简析

石达开与曾国藩交战时,利用湘军大船和小船配合作战的特点,将二者分开,分头攻击,使湘军水师顷刻覆灭,打得曾国藩羞愤得跳水,被部将拦下。接着他又打了几次胜仗,在旬月之内又占领了湘军收复的失地,逼得曾国藩退守南昌。曾国藩曾作《劝降诗》五首,极尽诱惑之能事。石达开义正词严,回复以《答曾国藩诗五首》,一面回顾平生,一面抒发己志。

生平故事

石达开是太平天国中最具传奇色彩的人物之一,长相俊美,有"龙凤之姿",16岁受访出山,19岁统率千军万马,二十岁获封翼王,32岁英勇就义于成都。他一生轰轰烈烈,体恤百姓民生,生平事迹为后世所传颂,被认为是"中国历代农民起义中最完美的形象之一"。

石达开参加拜上帝会时,刚满16岁,却已经是贵县鼎鼎有名的风云人物。在金田起义时,20岁的石达开竟然带来四千人的大部队,几乎占了起义部队的三分之一,可见他具有极高的威望、非凡的组织才能、过人的胆识谋略。

石达开画像

太平军发展中经历诸多危机,均是他力挽狂澜,使太平军转危为安。

1852年,西王萧朝贵在湖南长沙阵亡,太平军在长沙城下陷入清军反包围,形势万分危急,石达开率部西渡湘江,开辟河西基地,缓解了太平军的缺粮之危,又多次击败进犯之敌,取得水陆洲大捷,重挫清军士气。其后,石达开为全军先导,经河西安全撤军,跳出反包围圈,夺岳阳,占武汉,自武昌东下金陵,二十八天挺进一千八百里,战无不胜,攻无不克,令清军闻风丧胆,号之曰"石敢当"。

1853年3月,太平天国定都金陵,改称天京,石达开留京辅佐东王杨秀清处理政务。定都之后,诸王享乐主义抬头,广选美女,为修王府而毁民宅,据国库财富为己有,唯石达开洁身自好,从不参与。

1853年秋,石达开奉命出镇安庆,节制西征,他打破太平天国以往重视攻占城池、轻视根据地建设的传统,采取稳扎稳打的策略，逐步扩大根据地范围，亲自指挥攻克清安徽临时省会庐州（今合肥），迫使名将江忠源自尽。

由于之前太平天国没有基层政府，地方行政一片空白，石达开到安徽后，组织各地人民登记户口，选举基层官吏，又开科举试，招揽人才，建立起省、郡、县三级地方行政体系，使太平天国真正具备了国家的规模。与此同时，他整肃军纪，恢复治安，赈济贫困，慰问疾苦，使士农工商各安其业，并制定税法，征收税赋，为太平天国的政治、军事活动提供所需物资。

1854年初，石达开离开安徽，回天京述职，太平天国领导层对他的实践给予充分肯定，从此放弃了绝对平均主义的空想，全面推行符合实情的经济政策。

1854年夏秋之际，太平军在西征战场遭遇湘军的凶狠反扑，节节败退，失地千里。太平军连战连败，情况危急。屡战屡败之际，杨秀清派出石达开和罗大纲率援军前来接应，一下子扭转了战局。

当时湘军势大，石达开看出两军最大差距在于水师，便命人仿照湘军的船式造舰，加紧操练水师，并严肃军纪，命令士兵深壕高垒，切勿轻易出营与湘军争锋，只派小部队人马进行侵扰。同时，太平军除白天扰敌之外，夜间也不闲着，在江面散置三五成群的小船，上面堆满柴草，实以硝药膏油，点燃后顺江而放。接着，士兵在岸边鼓噪惊呼，大量发射火箭，使得船上湘军彻夜无眠，日久成疲，战斗力急剧下降。如此经过一个月的相持，石达开的"疲敌计"取得重大成效。

深知湘军有急切求战之心，石达开故意命令湖口太平军佯装全线撤退。湘军见状，立刻派出几百艘轻舸，狂追太平军。

石达开令埋伏的太平军乘小筏子满携引火之物，突入湘军水营，向那些笨重的大船上扔火把和引爆物。同时，岸上太平军狂射火箭，呼声震天，烧毁大船九艘及其他运兵船三十多艘，两千多湘军葬身鄱阳内河。仓皇之下，曾国藩退守九江。

仅隔12天，在石达开指挥下，太平军自九江城内偷偷划出几十只轻舟，月黑风高之夜，偷入散泊于九江城外的湘军水师营内，忽然放火，四处投掷浸油燃烧的柴捆。湘军各哨惊乱，齐齐扬帆遁逃。由于摸清了曾国藩座船，一支太平军突击队很快就攀援而上，尽杀船上之人，缴获了大批重要文件。太平军清点首级，却不见有曾国藩。原来，火攻猝发之时，卫兵立刻扶持曾国藩登上小船逃命。否则，他性命难保。湖口、九江两次大胜，太平军西征转败为胜，基本消灭了曾国藩辛辛苦苦建立的水师。曾国藩急得想要跳水自杀，被部下救起。

当时的曾国藩乃45岁盛壮，官场老经验，而予他致命打击的对手石达开，时年二十四，风华正茂，恰似周瑜重生。乘胜之下，秦日纲、陈玉成、韦志俊等人率太平军从宿松、太湖等地跃击，直扑湖北，并第三次攻克武昌。如此一来，南京上游的三大战略城市安庆、九江、武昌，全归太平军掌握，确保了天京的安然无虞。

同年秋天，石达开又挥师江西，四个月连下七府四十七县。由于他军纪严明，施政务实，爱护百姓，求贤若渴，江西人民争相拥戴，许多原本对太平天国不友好的知识分子也转而支持太平军，队伍很快从一万多人扩充到十万余众。

1856年3月，石达开在江西樟树大败湘军。至此，湘军统帅曾国藩所在的南昌城已经陷入太平军的四面合围，对外联络全被切断。可惜石达开适于此时被调回天京勤王,虽然大破江南大营,解除了清军对天京三年的包围,却令曾国藩免遭灭顶之灾。

这次使石达开错失杀掉曾国藩机会的勤王,原来是天京内讧,东王杨秀清逼洪秀全封自己为万岁,天京发生变乱。洪秀全叫韦昌辉回来杀杨秀清,没想到韦昌辉见人就杀,事态失控。石达开力挽狂澜,杀掉了韦昌辉,保住了洪秀全的天王宝座。

杨秀清和韦昌辉死后,石达开代理朝政,短时间内深得民心并稳住局面。但洪秀全见他威望太盛,怕他成为杨秀清第二,猜忌不断。石达开本来就不擅长钩心斗角,加上天京变乱时一家老小被杀,心情本来就非常低落,遂带兵出走,誓死不回。但他并没有另立旗号,公开分裂,而一直以翼王自居,只是去打别的根据地。

1857年9月,洪秀全迫于形势的恶化遣使持"义王"金牌请石达开回京,石达开表示无意回京,但会调陈玉成、李秀成、韦俊等将领回援,并以"通军主将"身份继续为天国作战。此后,石达开前往江西救援被困的临江、吉安,因没有水师,无法渡过赣江,救援行动失败,石达开又于次年进军浙江,并联合杨辅清进军福建,欲开辟浙闽根据地,与天京根据地连成一体。

浙江是江浙皖清军的主要饷源,为阻止石达开攻浙,清廷急调各路兵马增援,命丁忧在籍的曾国藩重任湘军统帅,领兵入浙。太平军在浙江取得许多胜利,但江西建昌、抚州失守后,入浙部队失去了后方,为免四面受敌,石达开决定放弃攻浙,撤往福建,后又转战到江西。石达开建立浙闽根据地的努力虽因内外矛盾以失败告终,却牵制了大量清军,为太平军取得浦口大捷、二破江北大营、三河大捷等胜利创造了有利条件。

是冬,石达开经与部将会商,决定进攻湖南,取上游之势,再下趋湖北,配合安徽太平军作战,并伺机分兵入川。

1859年春,石达开自江西起兵入湘,发动"宝庆会战"。彼时湘军正计划分兵三路进攻安庆,闻石达开长驱直入湖南腹地,军心全线动摇,只得全力援湘。面对湘军的重兵驰援,石达开孤军作战,未能攻克宝庆,被迫退入广西休整。

1861年9月,石达开自桂南北上,于1862年初经湖北入川。自此,为北渡长江、夺取成都、建立四川根据地,石达开转战川黔滇三省,先后四进四川,终于在1863年4月兵不血刃渡过金沙江,突破长江防线。5月,太平军到达大渡河,此时太平军据骆秉章奏稿有三四万人。对岸尚无清军,石达开下令多备船筏,次日渡河,但当晚天降大雨,河水暴涨,无法行船。三日后,在大渡河东线防御的清兵来到对岸,太平军为大渡河百年不遇的提前涨水所阻,多次抢渡不成,粮草用尽,陷入绝境。南字营都司王松林到太平军营谈判,石达开决心舍命以全三军。其中,石部三千人被王松林收编,剩余两千人保留武器,驻扎大树堡。后来,两千人中有七百人过河,遭遣散或被杀。石达开被押往成都后,清军背信弃义,夜袭大树堡剩余一千多人,除三百老幼存活外,全部被杀。

1863年6月27日,石达开在成都公堂受审,慷慨陈词,令主审官崇实理屈词穷,无言以对,而后从容就义,身受凌迟酷刑,被割几千刀,至死默然无声,观者无不动容,叹为"奇男子"。

影响

  王本布衣,家颇小康,多才艺,兼文武,无门虽不克显达,有粮岂不堪温饱?惟念苍天之聩聩,欲奋赤手于元元,以弱冠之年,行枭杰之事;忍家族之险,谋天下之安;提一旅之众,为五军之率,渡橘洲,登采石,二十八日,千二百里,民谚曰:"非是城豆腐,人是铁丈夫。"信夫!天京既定,当道无北顾之良谋;湘寇已深,兵民忧西来之粮米。王乃奉朝命,奖三军,分湖口,下武昌,五十七城,旬日易色;长龙三板,判为荆楚,遂令金陵诰谕,榜行千里;洪都蜡丸,不逾三江。虽大势之如此,岂非王之功业所至欤?疆场无后顾之忧,庙堂有前瞻之虑。既驻节安庆,复立效藩篱,感及士林,泽被众庶;市廛不扰,贸易如常。集贤豪而谋一统,依古制以惠四方。同侪多敬仰之色,敌帅有惊佩之声,此非谓贤,孰谓贤乎?……当斯时也,天下之大,敌焉友焉,胡不知石王之名?……此志未移,此心未改,伤病乌合,泣而争为之尽死者前仆而后继,至终不绝。非王之惠,他人焉能有此?

——《石达开传略·跋》

  就死之日,成都将军为崇实与骆文忠同坐督署大堂,司道以次合城文武咸在。石及两王跻堂,为设三拜垫于堂下。三人者皆跏趺坐垫上。其头巾及靴裤皆黄缎为之。惟石之头巾上,加绣五色花。两王则否。盖即章制之等威也。清制,将军位在总督之右,骆故让崇先问。崇语音低,不辩作何语。只见石昂头怒目视,崇顿气沮语塞。骆始言曰:石某今日就戮,为汝想,亦殊值得。计起事以来,蹂躏数省,我方封疆大吏,死汝手者三人。今以一死完结,抑何所恨。石笑曰:是俗所谓成则为王,败则为寇。今生你杀我,安知来世我不杀汝耶。遂就绑。石下阶,步略缓,两王仍左右侍立,且曰:"仍主帅先行。"石始放步先行。是时先太守甫戳取来川,充成都保甲总局提调,所目睹也。石之死处,在成都城内上莲花街督标箭道。三人自就绑至刑场,均神气湛然,无一毫畏缩态。且系以凌迟极刑处死,至死均默默无声,真奇男子也。

——《蜀海丛谈》

此贼举止甚稳,语言气概,不亢不卑,寓坚强于和婉之中。方其就死,纳履从容,若是我大清忠臣如此死法,叙入史传,岂不炳耀千载?如此人不为朝臣用,反使为贼,谁之过欤?

——《黄彭年致唐炯函》

后 记

关于本书的取舍，主要依据如下：

一、本书所收录之人，首先是具有爱国爱民情怀的将领，他们或是文官打仗，如范仲淹、于谦、王守仁等；或为武将写诗，如霍去病、马援、岳飞、俞大猷、戚继光等。他们不仅在历史上创下赫赫战功，还有诗词作品流传于世。本书旨在传其人，赏其作，扬其德。

二、凡是乱臣贼子，即使也领兵也写诗，则不收入，如张弘范。他带领元兵追击宋帝，后在崖山灭了南宋，骄狂不可一世，竟然勒石记碑，在石崖上刻上"张弘范灭宋于此"七个大字。后来，有个秀才在他这七个大字前面又加了一个"宋"字，于是变成"宋张弘范灭宋于此"。（曾经属于）"宋"（的）"张弘范""灭宋于此"，春秋笔法，褒贬之意，不言自明，乱臣贼子，敢不惧之？这样一来，张弘范便是自取其辱。本书主要为了弘扬爱国志士之德之才，故不予收录，以此类推。

三、虽也带过兵写过诗，但与传统认识相悖的人物，且负面评价较多，则不予收录，如杨广、黄巢等。

四、所收录诗词大都与战争有关。但有些将领诗词较少流传于世，我们现在可以找到的也大都为唱酬、雅致之诗，为使其事迹不至于湮没无闻，所以将这些本与战争无关的诗词也进行收录，为彪炳其人也。

五、关于战争的诗都做了简析。其他诗作虽为使读者在了解这些将领们在政治和军事上叱咤风云外,又能感到其不失风雅之度的目的予以收录,但不作赏析。

六、作品之后,本书还简述其生平故事。在其生平故事的选择上,也择取其有代表性的驰骋沙场、金戈铁马之史实,彰显其将帅凛凛风采。

七、每位将领之后,缀以后世影响。他们在戎马倥偬中体现出的爱国情怀对世人的精神感召由此可见。

至于为什么要收录将领们的影响,主要是由于他们的事迹能触动、感召后人。他们名留史册,彪炳汗青,自有清正教化、感召奋起之作用,如岳飞之感于诸葛武侯。宋绍兴八年(1138年),岳飞遇雨夜宿武侯祠,感慨万千,挥泪手书《出师表》,以抒胸臆,其在跋文中写道:"绍兴戊午秋八月望前,过南阳,谒武侯祠,遇雨,遂宿于祠内。更深秉烛,细观壁间昔贤所赞先生文祠、诗赋及祠前石刻二表,不觉泪下如雨。是夜,竟不成眠,坐以待旦。道士献茶毕,出纸索字,挥涕走笔,不计工拙,稍舒胸中抑郁耳。岳飞并识。"诸葛亮一生鞠躬尽瘁,死而后已,让同样满怀爱国情怀的后辈岳飞惺惺相惜,感佩不已,忍不住"泪下如雨"。

这种情怀也出现在后世许多人身上,如文天祥写许远、张巡、颜真卿,于谦写岳飞且书房悬挂文天祥画像,张煌言写岳飞、于谦等。唐玄宗天宝年间,安禄山起兵叛乱,张巡、许远在睢阳死拒叛兵。后人感念张、许二人忠义节烈,为二人建立祠庙。南宋时,文天祥驻兵潮阳,曾专程前来张许庙拜谒,并写下了《沁园春·题潮阳张许二公庙》一词:"为子死孝,为臣死忠,死又何妨。自光岳气分,士无全节;君臣义缺,谁负刚肠。骂贼张巡,爱君许远,留取声名万古香。后来者,无二公之操,百炼之钢。人生翕欻云亡,好烈烈轰轰做一场。使当时卖国,甘心降虏,受人唾骂,安得留芳。古庙幽沉,仪容俨雅,枯木寒鸦几夕阳。邮亭下,有奸雄过此,仔细思量。"词中文天祥不仅表达了对张巡、许远二公取义成仁精神的高度礼赞,也对当时南宋风雨飘摇、滔滔天下多是辱国求和者的愤恨无奈。更为难能可贵的是,文天祥从二人身上获取到了巨大的精神感奋,立志为抗元救国大业肝脑涂地,"人生翕欻云亡,好烈烈轰轰做一场"。

还有明代的著名爱国将领张煌言,他曾和郑成功联手抵抗清兵,后来郑成功死于台湾,鲁王也在金门逝世,抗清大势已去,张煌言为清军所执,解赴杭州。在被解途中,他看到岳飞、于谦两人之墓,有感而发作诗道:"国亡家破欲何之,西子湖头有我师。日月双悬于氏墓,乾坤半壁岳家祠。惭将赤手分三席,敢为丹心借一枝。他日素车东浙路,怒涛岂必属鸱夷。"(《八月辞故里》)还有《忆西湖》一诗:"梦里相逢西子湖,谁知梦醒却模糊。高坟武穆连忠肃,添得新坟一座无?"岳飞和于谦都为国捐躯,慷慨赴死,死后都葬在西湖附近。张煌言虽然明知复国无望,仍说"西子湖头有我师",希望以二人为榜样,即使飞蛾扑火,也绝不顾惜一死。农历九月初七日,张煌言从容就义,青山有幸埋忠骨,他也如愿与岳飞、于谦墓相邻,被后人称为"西湖三杰"。

这些影响贯穿于整个民族精神、中华魂之中,中华多难,志士兴邦,其皆出于此乎?

是为记。

侯若愚
2017 年 7 月